LES

NOUVEAUX BRONZES D'OSUNA.

COTILLON,

LIBRAIRE ÉDITEUR, RUE SOUFFLOT, 24.

L. LAROSE

LIBRAIRE ÉDITEUR, RUE SOUFFLOT, 32.

LES
NOUVEAUX BRONZES D'OSUNA,

PAR M. CH. GIRAUD,

DE L'INSTITUT.

NOUVELLE ÉDITION, REVUE, CORRIGÉE ET AUGMENTÉE.

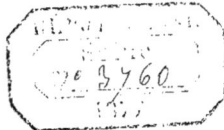

PARIS.

IMPRIMERIE NATIONALE.

AVRIL 1877.

À

MES CONFRÈRES DU *JOURNAL DES SAVANTS.*

LES

NOUVEAUX BRONZES D'OSUNA.

Lorsque, pour la première fois, il y a trois ans, j'appelai l'attention sur les fragments alors découverts de la loi coloniale donnée par Jules César à l'établissement fondé par lui, sous le nom de *Genetiva Julia*, sur les ruines de la vieille ville espagnole d'Urson, après la destruction des dernières bandes pompéiennes, une vague rumeur courait déjà qu'on était sur la trace d'autres découvertes de ce genre, et je me fis l'écho complaisant des espérances conçues par les jurisconsultes et les archéologues. Ces espérances sont aujourd'hui réalisées en partie, et j'ai eu la satisfaction de posséder l'un des premiers l'estampage de deux nouveaux bronzes trouvés à Osuna et que venait d'acquérir le gouvernement du roi d'Espagne. J'en dois la communication spontanée à une courtoisie dont je suis profondément reconnaissant, et dont je remercie l'académie de législation de Madrid, et en particulier M. Manuel Torrés Campos, l'un de ses membres. Mon premier soin fut d'offrir dans le *Journal des Savants* la participation de ma bonne fortune aux érudits, qui ont daigné prêter naguère une attention si bienveillante et si patiente à mes dissertations sur ce sujet.

Le bénéficiaire de la découverte est un marchand d'antiquités fort intelligent, fort avisé, de la ville même d'Osuna, M. Francisco Martin Ocaña, qui demanda un prix fort élevé de sa trouvaille au riche et généreux acquéreur des deux premiers bronzes, le marquis de Loring, possesseur d'un des plus beaux cabinets d'antiquités de la Péninsule, où l'on trouve réunies les tables de Salpensa et de Malaga, avec les deux premiers bronzes d'Osuna, tous monuments qui ont trouvé dans le docte M. de Berlanga un digne interprète des intentions éclairées du possesseur. Le marquis de Loring ne voulant pas céder aux exigences de M. Ocaña, ce dernier offrit au gouvernement français l'achat des bronzes nouveaux. M. Wallon, qui tenait alors le portefeuille de l'instruction publique, s'empressa de nommer une commission chargée de vérifier l'importance et d'assurer l'exécution d'un marché qui se couvrait d'un certain mystère. La Commission, constituée le 21 août 1875, fut d'avis d'acquérir, s'il se pouvait, pour notre Musée, un aussi précieux débris d'antiquité; mais, comme de raison, elle conseilla au ministre d'agir avec prudence, dans cette négociation, et d'envoyer sur les lieux un agent habile, chargé d'examiner les bronzes, et d'en ménager l'achat, avec l'assistance de notre légation en Espagne.

Cette mission délicate fut très-bien remplie par un jeune élève de nos écoles publiques, qui fit le voyage d'Osuna, vit les bronzes de ses yeux, en constata l'authenticité, en copia même quelques lignes, mais ne put décider M. Ocaña à s'en dessaisir au prix offert par le gouvernement français. Ainsi que nous l'avions pressenti dans la commission, la France ne fut pas la seule à recevoir les propositions qui avaient ému notre zèle. L'Allemagne aussi fut provoquée à cette acquisition, mais elle ne réussit pas mieux que nous à triompher de l'hésitation et des exigences de M. Ocaña.

Heureusement pour l'Espagne, ces négociations prolongées avaient donné l'éveil au gouvernement du roi Alphonse, qui crut la dignité espagnole engagée dans la question, et qui, enchérissant avec décision sur les offres étrangères, obtint, au prix de 30,000 pezetas, l'abandon de l'antiquaire d'Osuna. Non content de cet acte, dont la science doit savoir gré au gouvernement espagnol, une somme importante a été mise en réserve pour fournir aux frais de fouilles nouvelles à Osuna, sous la direction d'un savant fort expert, M. Gago, bien connu des érudits. Les bronzes si libéralement acquis sont aujourd'hui déposés au Musée archéologique national de Madrid. De généreuses souscriptions privées sont venues en aide, en cette circonstance, au Trésor public espagnol. C'est un noble patriotisme à offrir en exemple, et la *Gazette officielle* de Madrid s'est rendue, à cet égard, l'organe de la gratitude publique.

Les deux tables sont complètes et en très-bon état; chacune d'elles contient trois colonnes d'inscription. La première table commence au milieu du chapitre LXI de la loi, et se termine vers la fin du chapitre LXIX. La deuxième table suit la première et finit au chapitre LXXXII. Les tables anciennes commençaient au chapitre XCI. Il y a donc probablement l'inervalle d'une table perdue entre ce que nous possédions et ce que nous acquérons aujourd'hui. On sait tout ce qui nous manque encore pour compléter la loi coloniale, soit à son commencement, soit aux lacunes qui subsistent, entre les fragments aujourd'hui connus, soit à la fin du dernier tronçon naguère publié. Espérons que la fortune nous donnera prochainement tout ou partie de ce que nous n'avons pas encore.

Quant à l'importance de la découverte actuelle, elle n'égale peut-
être pas en curiosité celle que nous avons livrée au public français, il y
a trois ans. Mais elle n'en est pas moins d'un très-haut intérêt, à tous
les points de vue, ainsi qu'on a pu s'en convaincre par l'analyse que
nous avons déjà livrée à la publicité devant l'Académie des sciences
morales et politiques, en octobre dernier. Il fallait une application particulière et une étude soignée pour préparer une édition convenable et
l'explication satisfaisante de ce nouveau monument. Notre empressement à divulguer la communication que nous avons reçue, et à devan-
cer même toute autre publication plus autorisée que la nôtre, nous a
valu l'indulgence du public érudit, auquel nous offrions la primeur de
ce fruit nouveau. Voici le texte amélioré, avec le commentaire, que nous
avons successivement publié, dans le *Journal des Savants*, depuis le
mois de novembre 1876, jusques et inclus le mois de mars 1877.

C'est pendant l'impression de notre dernier article, en février dernier, que l'érudition allemande a dit son mot sur la découverte qui nous
occupe encore aujourd'hui. l'*Ephemeris epigraphica* de Berlin (vol. III,
fasc. 2) nous a livré le texte des deux nouvelles tables d'Osuna, soi-
gneusement revu par M. Th. Mommsen, sur un estampage très-exact,
et le savant éditeur n'hésite pas à déclarer que la leçon ainsi relevée
équivaut pour lui au contrôle des bronzes eux-mêmes. Nous prenons
notre part dans cette déclaration, puisque nous avons profité d'un estampage pareil, et nous saisissons l'occasion pour remercier M. Mommsen de l'exemplaire à part de son travail, qu'il a bien voulu nous adres-
ser. Très-heureux de nous être rencontré, en général, avec le grand
épigraphiste, nous profiterons avec empressement, dans la reproduction de notre commentaire, des explications que propose l'expérience
si autorisée du savant allemand, tout en persistant dans quelques vues
personnelles sur des points spéciaux. D'autre part nous apprenons que
M. de Berlanga vient de publier, en décembre, à Malaga, le texte et
la traduction de deux nouvelles tables; nous n'avons pas encore son
ouvrage en notre possession. De son côté, M. Torrés Campos a bien
voulu collationner, sur les bronzes mêmes, notre version du texte, de
sorte que nous croyons être en mesure de satisfaire, à ce moment, les
justes exigences de la critique, dans la présente reproduction de nos
études sur cette matière.

TEXTE.

Legis coloniæ genitivæ Juliæ pars denuo recuperata, beneficio illustrissimæ Academiæ leg. et jurisp. Matritensis ex impressione madida typis mandata.

(Suite de· LXI.)

[ma]num [1] in(j)icere jussus erit, judicati jure manus injectio esto, itque ei s(ine) f(raude) s(ua) facere liceto. Vindex arbitratu IIviri, quique j(ure) d(icundo) p(raerit), locuples esto. Ni vindicem dabit, judicatumque faciet, secum ducito. Jure civili vinctum habeto. Si quis in eo vim faciet, ast ejus vincitur, dupli damnas esto, colonisq(ue) ejus colon(iæ) IIS CCIƆƆ CCIƆƆ d(are) d(amnas) esto, eiusque pecuniae cui volet petitio, II vir(o) quique j(ure) d(icundo) p(raerit) exactio judicatioque esto.

LXII. IIviri quicumque erunt, iis IIviris, in eos singulos, lictores binos, accensos sing(ulos), scribas binos, viatores binos, librarium, praeconem, haruspicem, tibicinem habere jus potestasque esto. Quique in ea colonia aedil(es) erunt, iis aedil(ibus), in eos aedil(es) sing(ulos), scribas sing(ulos), publicos cum cincto limo IIII, praeconem, haruspicem, tibicinem habere jus potestasq(ue) esto. Ex eo numero, qui ejus coloniae coloni erunt, habeto. Iisque IIvir(is) aedilibusque, dum eum mag(istratum) habebunt, togas praetextas, funalia cere[a] [2] habere jus potestas(que) esto. Quos quisque eorum ita scribas, lictores, accensos, viatorem, tibicinem, haruspicem, praeconem habebit, iis omnibus, eo anno, quo anno quisque eorum apparebit, militiae vacatio esto, neve quis eum, eo anno quo mag(istratibus) apparebit, invitum militem facito, neve fieri jubeto, neve eum cogito, neve jusjurandum adigito, neve adigi jubeto, neve sacramento rogato, neve rogari jubeto, nisi tumultus Italici Gallicive causa. Eisque merces, in eos sing(ulos) qui IIviris apparebunt, tanta esto : in scribas sing(ulos) HS ∞CC, in accensos sing(ulos) HS DCC, in lictores sing(ulos) HS DC, in viatores sing(ulos) IIS CCCC, in librarios sing(ulos) HS CCC, in haruspices sing(ulos) IIS D, praeconi HS CCC. Qui aedilib(us) appareb(unt), in scribas sing(ulos) IIS DCCC, in haruspices sing(ulos) IIS C, in tibicines sing(ulos) HS CCC, in praecones sing(ulos) IIS CCC, iis s(ine) f(raude) s(ua) kapere liceto.

LXIII. IIviri, qui primi a(nte) d(iem) [3] pr(idie) k(alendas) januar(ias) ma-

---

[1] M. Mommsen croit pouvoir restituer : *Cui quis ita manum*, etc.

[2] Le bronze porte et M. Mommsen maintient : *funalia cereos habere.* —

[3] M. Mommsen lit : *qui primi ad pr. k. januar.*

g(istratum) habebunt, apparitores totidem habento, [quot] sing(ulis) apparitores ex h(ac) l(ege) habere licet, iisque apparitori(bus) merces tanta esto,
quantam esse oporteret, si partem IIII anni a[ppar]uissent, ut pro portione,
quamdiu apparuissent, mercedem pro eo kaperent, itque iis s(ine) f(raude)
s(ua) c(apere) l(iceto).

LXIIII. IIviri quicumque post colon(iam) deductam erunt, ii, in diebus X
proxumis, quibus eum mag(istratum) gerere coeperint, at decuriones referunto, cum non minus duae partes aderint, quos et quot dies festos esse, et
quae sacra fieri publice placeat, et quos ea sacra facere placeat. Quot ex eis
rebus decurionum major pars, qui tum aderunt, decreverint, statuerint, it
jus ratumque esto, eaque sacra, eique dies festi, in ea colon(ia) sunto.

LXV. Quae pecunia, poenae nomine, ob vectigalia quæ colon(iae) G(enetivae) J(uliae) erunt, in publicum redacta erit, eam pecuniam ne quis erogare, neve cui dare, neve attribuere potestatem habeto, nisi at ea sacra quae
in colon(ia), aliovequo loco, colonorum nomine fia[n]t; neve quis aliter eam
pecuniam s(ine) f(raude) s(ua) kapito, neve quis de ea pecunia ad decuriones
referundi, neve quis de ea pecunia sententiam dicendi, jus potestat(em)que
habeto; eamque pecuniam ad ea sacra quae in ea colon(ia), aliove quo loco,
colonorum nomine fient, IIviri s(ine) f(raude) s(ua) dato, attribuito, itque ei
facere jus potestasq(ue) esto; eique cui ea pecunia dabitur s(ine) f(raude) s(ua)
kapere liceto.

LXVI. Quos pontifices, quosque augures G(aius) Cæsar, quive jussu ejus
colon(iam) deduxerit, fecerit ex colon(ia) Genet(iva), ei pontifices, eique
augures c(oloniae) G(enetivae) J(uliae) sunto; eique pontifices auguresque in
pontificum augurum conlegio in ea colon(ia) sunto, ita uti qui optima lege,
optumo jure, in quaque colon(ia) pontif(ices), augures sunt, erunt; iisque
pontificibus auguribusque, qui in quoque eorum collegio erunt, liberisque
eorum, militiae, munerisque publici vacatio sacro sanctius esto, uti ponti-
fici romano est, erit; [aera]que militaria ei omnia merita sunto. De auspiciis
quaeque ad eas res pertinebunt, augurum juris dictio, judicatio esto; eisque
pontifici(bus) auguribusque, ludis, quot publice magistratus facient, et cum
ei pontific(es), augures, sacra publica c(oloniae) G(enetivae) J(uliae) facient,
togas praetextas habendi jus potestasq(ue) esto; eisque pontificib(us) auguri-
b(us)q(ue) ludos gladiatoresq(ue), inter decuriones, spectare jus potestasque
esto.

LXVII. Quicumque pontif(ices), quique augures c(oloniae) G(enetivae)
J(uliae), post h(anc) l(egem) datam, in conlegium pontific(um), augurumque,
in demortui damnative loco, h(ac) l(ege) lectus, cooptatusve erit, is pontif(ex)
augurq(ue), in c(olonia) Jul(ia), in conlegium pontifex augurq(ue) esto, ita uti
qui optuma lege, in quaque colon(ia), pontif(ices), auguresq(ue) sunt, erunt;

neve quis quem in conlegium pontificum kapito, sublegito, cooptato, nisi tunc cum minus tribus pontificib(us), ex iis qui c(oloniae) G(enetivae) sunt, erunt; neve quis quem in conlegium augurum sublegito, cooptato, nisi tum, cum minus tribus auguribus, ex eis qui colon(iae) G(enetivae) J(uliae) sunt, erunt.

LXVIII. IIvir, praef(ectus)ve comitia pontific(um), augurumq(ue), quos h(ac) l(ege) habere[1] oportebit, ita habeto, prodicito, ita ut IIvir(um) creare, facere, sufficere, h(ac) l(ege) o(portebit).

LXIX. IIviri qui, post colon(iam) deductam, primi erunt, ii, in suo mag(istratu), et quicumq(ue) IIviri in colon(ia) Jul(ia) erunt, ii in diebus LX pro-xumis, quibus eum mag(istratum) gerere coeperint, ad decuriones referunto, cum non minus XX aderunt, uti redemptori, redemptoribusque, qui ea redempta habebunt, quae ad sacra resq(ue) divinas opus erunt, pecunia ex lege locationis adtribuatur solvaturq(ue); neve quisquam rem aliam at decuriones referunto, neve quot decurionum decret(um) faciunto, antequam eis redemp-toribus pecunia ex lege locationis attribuatur solvaturve d(ecurionum) d(e-creto), dum ne minus XXX atsint cum e(a) r(es) consulatur. Quot ita decre-verint ei IIvir(i) *redemptori*, redemptoribus, attribuendum *solvendumque* curato, dum ne ex ea pecunia solvant, adtribuant, quam pecuniam ex h(ac) l(ege) *ad ea* sacra quae in colon(ia) aliove quo loco publice fiant, dari, adtribui oportebit.

LXX. IIviri quicumque erunt, ei, praeter eos qui primi post h(anc) l(egem) *facti* erunt, ei in suo mag(istratu) munus ludosve scaenicos Jovi, Ju-noni, Minervae, deis deabusq(ue), quadriduom m(ajore) p(arte) diei, quot ejus fieri oportebit[2], arbitratu decurionum faciunto, inque eis ludis, eoque munere, unusquisque eorum de sua pecunia ne minus HS ∞ ∞ consumito, et ex pecunia publica, in sing(ulos) IIvi(ros) d(um) t(axat), HS ∞ ∞ sumere consumere liceto; itque eis s(ine) f(raude) s(ua) facere liceto, dum ne quis ex ea pecun(ia) sumat, neve adtributionem faciat, quam pecuniam, h(ac) l(ege), ad ea sacra quae in colon(ia), aliove quo loco, publicae fient, dari, adtribui oportebit.

LXXI. Ædiles quicumq(ue) erunt, in suo mag(istratu), munus, ludos scae-nicos, Jovi, Junoni, Minervae, triduom, majore parte diei, quot ejus fieri poterit, et unum diem in circo, aut in foro Veneri, faciunto, inque eis ludis eoque munere, unusquisque eorum, de sua pecunia, ne minus HS ∞ ∞ consumito, deve publico, in sing(ulos) aedil(es) HS ∞ sumere liceto, eamq(ue) pecuniam IIvir, praef(ectus)ve), dandam, adtribuendam curanto, itque iis s(ine) f(raude) s(ua) e(apere) liceto.

---

[1] M. Mommsen lit : *facere oportebit*. — [2] M. Mommsen corrige et lit : *poterit*

LXXII. Quotcumque pecuniae, stipis nomine, in aedis sacras datum inlatum erit, quot ejus pecuniae eis sacriis (sic) superfuerit, quae sacra uti h(ac) l(ege) d(are) oportebit, ei deo, deaeve, cujus ea aedes erit, facta [1], it ne quis facito, neve curato, neve intercedito, quo minus in ea aede consumatur, ad quam aedem ea pecunia, stipis nomine, data, conlata erit, neve quis eam pecuniam alio consumito, neve quis facito, quo magis in alia re consumatur.

LXXIII. Ne quis, intra fines oppidi, colon(iae)ve, qua aratro circumductum erit, hominem mortuom inferto, neve ibi humato, neve urito, neve hominis mortui monimentum aedificato. Si quis adversus ea fecerit, is c(olonis) c(oloniae) G(enetivae) J(uliae) HS LƆƆ d(are) d(amnas) esto; ejusque pecuniae cui volet petitio, persecutio, exactioq(ue) esto; itque quot inaedificatum erit IIvir, aedil(is)ve demoliendum curanto. Si adversus ea mortuus inlatus positusve erit, expianto uti oportebit.

LXXIV. Ne quis ustrinam novam, ubi homo mortuus combustus non erit, proprius (sic) oppidum passus D facito. Qui adversus ea fecerit HS LƆƆ c(olonis) c(oloniae) G(enetivae) Jul(iae) d(are) d(amnas) esto, ejusque pecuniae cui volet petitio persecutioq(ue) ex h(ac) l(ege) esto.

LXXV. Ne quis in oppido col(oniae) Jul(iae) aedificium detegito, neve demolito, neve disturbato, nisi si praedes IIvir(um) arbitratu dederit se reraedificaturum (sic), aut nisi decuriones decreverint, dum ne minus L adsint, cum e(a) r(es) consulatur. Si quis adversus ea fece(rit), q(uanti) e(a) r(es) e(rit) t(antam) p(ecuniam) c(olonis) c(oloniae) G(enetivae) Jul(iae) d(are) d(amnas) e(sto); ejusq(ue) pecuniae qui volet petitio, persecutioq(ue) ex h(ac) l(ege) esto.

LXXVI. Figlinas teglarias, majoris tegularum CCC, tegulariumq(ue) iu oppido col(oniæ) Jul(iæ) ne quis habeto. Qui habuerit, ita (sic) aedificium, isque locus publicus colon(iae) Jul(iae) esto. Ejusq(ue) aedificii quicumque in col(onia) G(enetiva) Jul(ia) l(oco) d(ato) p(ublice) [2] s(ine) d(olo) m(alo), eam pecuniam in publicum redigito.

LXXVII. Si quis vias, fossas, cloacas, IIvir aedil(is)ve publice facere, inmittere, commutare, aedificare, munire, intra eos fines qui colon(iae) Jul(iae) erunt, volet, quot ejus sine injuria privatorum fiet, it (e)is facere liceto.

LXXIIX. Quae viae publicae, itinerave publica sunt, fuerunt, intra eos

---

[1] M. Mommsen corrige : *facta fuerint, ne quis facito.*

[2] M. Mommsen et les éditeurs espagnols, au lieu des sigles L. D. P., corrigent I. D. P. et interprètent : *j(ure) d(icundo) p(raerit)*, ce qui peut-être est préférable.

fines qui colon(iae) dati erunt, quicumq(ue) limites, quaeque viae, quaeque itinera per eos agros sunt, erunt, fueruntve, eae viae, eique limites, eaque itinera publica sunto.

LXXIX. Qui fluvi, rivi, fontes, lacus, aquae, stagna, paludes sunt, in agro qui colon(is) h[uj]us c(e) colon(iae) divisus erit, ad eos rivos, fontes, lacus, aquasque, stagna, paludes, itus, actus, aquae haustus, iis item esto qui eum agrum habebunt, possidebunt, uti iis fuit, qui eum agrum habuerunt, possederunt; itemque iis qui eum agrum habent, possident, habebunt, possidebunt, itineris aquarum lex jusque esto.

LXXX. Quot cuique negotii publice in colon(ia), de decur(ionum) sententia datum erit, is cui negotium datum erit, ejus rei rationem decurionib(us) reddito, refertoque, in dieb(us) CL proxumis (*quibus*) it negotium confecerit, quibus ve it negotium gerere desierit, quot ejus fieri poterit, s(ine) d(olo) m(alo).

LXXXI. Quicumque II vir, aedil(is)ve colon(iae) Jul(iae) erunt, ii scribis suis, qui pecuniam publicam, colonorumque rationes scripturus erit, antequam tabulas publicas scribet, tractetve, in contione, palam luci, nundinis, in forum, jusjurandum adigito, per Jovem, deosque penates, sese pecuniam publicam ejus colon(iae) concustoditurum, rationesque veras habiturum esse, u(ti) q(uod) r(ecte) f(actum) e(sse) v(idebitur) s(ine) d(olo) m(alo), neque se fraudem per litteras facturum esse s(ine) c(ausa) [1] d(oli) m(ali). Uti quisque scriba ita juraverit, in tabulas publicas referator facito. Qui ita non juraverit, is tabulas publicas ne scribito, neve aes apparitorium, mercedemque ob e(am) r(em) kapito. Qui jusjurandum non adegerit, ei IIS LƆƆ multae esto; ejusq(ue) pecuniae cui volet, petitio, persecutioq(ue) ex h(ac) l(ege) esto.

LXXXII. Qui agri, quaeque silvae, quaeque aedificia c(olonis) c(oloniae) G(enetivae) J(uliae), quibus publice utantur, data, adtributa erunt, ne quis eos agros, neve eas silvas vendito, neve locato, longius quam in quinquennium, neve ad decuriones referto, neve decurionum consultum facito, quo ei agri, eaeve silvae veneant, aliterve locentur; neve si venierint, itcirco minus c(oloniae) G(enetivae) Jul(iae) sunto; quique iis rebus fructus erit, quot se emisse dicat, is, in juga sing(ula), inque annos sing(ulos) HS C c(olonis) c(oloniae) G(enetivae) Jul(iae) d(are) d(amnas) *esto, ejusque pecuniae cui volet petitio persecutioque ex hac lege esto.*

[1] M. Mommsen préfère lire : sc(ientem) d(olo) m(alo).

COMMENTAIRE.

Entre toutes les provinces européennes de l'empire romain, on est autorisé à croire que l'Espagne a été la plus favorisée. Aucune autre contrée occidentale ne paraît avoir reçu de la métropole des statuts aussi développés, aussi favorables à la liberté que ceux dont Rome a doté les colonies espagnoles. On ne saurait, sans doute, affirmer que les colonies de la Gaule, de l'Italie, du Danube et du Rhin, n'ont pas reçu des constitutions pareilles à celles de Malaga, de Salpensa, de Genetiva; l'avenir nous réserve peut-être quelque surprise heureuse à cet égard; mais rien ne le fait présumer, à juger les choses d'après les monuments nombreux que nous connaissons. L'Espagne romaine a été favorisée encore sous un autre point de vue. Ses villes ont conservé, jusque sous Caligula, le droit de battre monnaie [1], tandis que les villes de la Gaule en avaient été privées à la fin du règne d'Auguste ou au commencement du règne de Tibère [2], et que l'Italie continentale l'avait perdu dès les premiers Césars [3]; tandis que probablement la Sicile en a été dépouillée sous Auguste [4] ou au moins sous Tibère, et que les villes d'Afrique en ont été privées sous ce dernier prince [5]. Il ne reste aucune monnaie connue portant le nom de *Genetiva*, mais on en possède avec le nom d'*Urso*, qui datent non-seulement du temps de l'autonomie de cette ville [6], c'est-à-dire d'une époque antérieure à la bataille de Munda, mais encore du temps du haut empire, avec le nom même d'*Urson*; ce qui prouve que, malgré la proscription du nom de la ville pompéienne, l'usage avait été plus puissant que le décret de César, pour la conservation du vieux vocable; et ce qui explique, d'autre part, comment le nom de *Genetiva*, ignoré des copistes de Pline l'Ancien, ne nous a été révélé que par les bronzes découverts, de nos jours, à Osuna, à moins que la faute n'en soit aux manuscrits modernes, comme nous l'avons soupçonné.

---

[1] Voy. Eckhel, *D. n. vet.* t. I, p. 2 et suiv.; de Saulcy, *Essai de classification des monn. auton. d'Espagne*, Metz, 1840, in-8°; Mommsen, *Gesch. des römisch. Münzwesens*, p. 667 et suiv. (Berlin, 1860, in-8°.)

[2] Voy. Eckhel, *loc. cit.* et p. 65; Mommsen, p. 672-687.

[3] Voy. Eckhel, tome cité, p. 3.

[4] Voy. Eckhel, tome cité, p. 185.

[5] Voy. *id.* t. I, p. 185 et *alibi*.

[6] Voy. *id. loc. cit.* t. I, p. 32 et suiv. Plusieurs de ces antiques monnaies d'Urson ont des légendes celtibériennes. Cf. Mommsen, *loc. cit.* p. 669.

On ne se rend pas compte, du reste, avec une vraisemblance satisfaisante, pourquoi les villes de l'Occident de l'empire ont été plus mal
traitées, par rapport au droit de frapper monnaie, que les villes de
l'Orient, à partir de l'Adriatique et de la mer d'Ionie, lesquelles ont
conservé ce droit jusqu'au delà du règne de Gallien [1].

CHAPITRE PREMIER.

L'ANCIEN DROIT DES DETTES, À ROME.

Procédons à notre commentaire. La première des tables nouvelles
prend, comme nous l'avons dit, la loi coloniale de Genetiva Julia
au milieu du chapitre LXI, et le fragment qu'elle nous en fournit est
d'une notable importance. Il nous laisse d'amers regrets sur ce qui nous
est encore caché, car ce chapitre était relatif au droit civil, à la procédure d'exécution de certains contrats et jugements, et l'on croirait, à
lire ce qui reste, avoir sous les yeux quelques lignes de la loi des Douze
Tables, ou d'une vieille loi romaine, du temps où s'agitaient les querelles des créanciers et des débiteurs, querelles qui, à Rome, ont plus
d'une fois, comme on sait, mis l'État en péril.

Une obligation pour dettes pouvait donner naissance, à Rome, comme
ailleurs, à deux genres d'exécution: l'exécution sur les biens et l'exécution sur la personne même du débiteur. C'est de celle-ci qu'il est question dans notre chapitre LXI. En quel cas? Évidemment dans celui où
l'obligation avait été contractée avec la solennité publique du *nexum*, c'est-
à-dire *per æs et libram*. La lacune que nous regrettons nous aurait donc,
sans doute, donné quelque notion nouvelle sur la nature et le caractère
précis de cette forme de contracter, chez les Romains [2]. En l'absence
de document nouveau à cet égard, nous connaissons du moins la rigueur barbare de l'ancien droit des Douze Tables, en ce qui touche les
dettes d'argent prêté. Un intérêt d'État, que nous ne sommes plus, peut-
être, en mesure d'apprécier aujourd'hui, s'attachait probablement à
cette rigueur réelle ou comminatoire de la loi. Elle donna lieu, du
reste, aux plus ardentes réclamations, et à plusieurs lois provoquées
par la démocratie romaine, pour adoucir la dureté du droit primitif
envers les débiteurs.

On cite entre autres une loi Pœtelia, du v⁵ siècle de Rome, d'après

---

[1] Voyez Eckhel, t. 1, p. 3 et *alibi.* — [2] Voyez ma dissertation sur les *Nexi*,
Paris, 1844, in-8°.

laquelle la pratique judiciaire, à l'égard des débiteurs, fut considérablement modifiée, non-seulement en ce qui touche la sévérité des traitements personnels, mais encore en ce qui touche la procédure civile elle-même. Ainsi l'exécution directe par le créancier, sans jugement préalable, paraît avoir été remplacée par l'exécution d'autorité de justice. L'obligation solennelle connue sous le nom de *nexum*, perdit ainsi sa vertu caractéristique d'acte muni de force exécutoire, *ipso jure*, le débiteur non payant étant tenu en pareil cas pour *confessus* et *judicatus*. Tite-Live nous dit que la loi Pœtelia ouvrit une époque de liberté pour la plèbe obérée. Cette partie de l'histoire du droit romain est, du reste, entourée encore de beaucoup d'obscurités, que le complément de notre chapitre LXI pourra peut-être un jour faire disparaître, mais que ne soulève qu'en partie le fragment qui nous est révélé aujourd'hui.

Pour l'explication de ce fragment précieux, il faut se souvenir d'un autre principe de la loi des Douze Tables dont la formule nous a été conservée en ces termes[1] : *cum nexum faciet mancipiumque, uti lingua nuncupassit, ita jus esto.* Ce principe était rappelé sans doute dans les premières lignes du chapitre LXI; mais, au lieu de maintenir le droit d'exécution privée et directe, de la part du créancier, notre chapitre d'Osuna consacrait évidemment l'obligation pour ce dernier de recourir tout d'abord à justice.

Au demeurant, et la justice étant saisie, par une *vocatio in jus*, la rigueur du droit à l'égard du débiteur était encore singulière, d'après le texte de la loi d'Osuna. Si le débiteur n'avait point de défense admissible à proposer, le magistrat autorisait la *manus injectio* de la part du créancier, la prise de corps du débiteur. *Si manum injicere jussus erit, judicati jure manus injectio esto, idque ei sine fraude sua facere liceto.*

Dans cette situation, le débiteur perdait le droit d'arrêter l'exécution sur sa personne; mais un tiers pouvait intervenir et discuter le créancier ou cautionner le débiteur. Notre loi nous dit dans quelles conditions : *Vindex, arbitratu duumviri, quique jure dicundo præerit, locuples esto.* Une caution amplement solvable est donc seule proposable et admissible.

Si le débiteur ne fournit pas de *vindex*, et s'il ne paye pas le montant de la condamnation, le créancier a le droit de l'emmener de force *in carcere privato*, et de l'attacher, de peur qu'il ne s'échappe : *Ni vindicem dabit, judicatumque faciet, secum ducito : jure civili vinctum habeto.*

Que si quelqu'un voulait s'opposer à cette exécution et prendre fait

[1] Table VI. Voyez mon *Enchiridion*, p. 12, et Festus V° *Nuncupata.*

et cause pour le débiteur, par des voies de fait, il sera passible envers le créancier d'une indemnité pécuniaire portée au double de la condamnation : *Si quis in eo vim faciet, ast ejus vincitur, dupli damnas esto;* et de plus, le récalcitrant sera tenu, envers la colonie, d'une amende considérable (20,000 sesterres), dont tout colon pourra poursuivre le recouvrement, avec la prime connue pour le poursuivant.

C'est surtout en lisant cette remarquable prescription, qu'on s'abandonne au soupçon que nous avons ici la formule même de quelque ancienne loi romaine, à nous encore inconnue. La loi de *Genetiva* respire en effet, en ce point, un parfum d'archaïsme qui n'était plus de mise, ce semble, au temps où vécurent César et Cicéron.

Ast ejus vincitur : vieille forme de langage, dont je ne connais pas d'autre exemple, dans le sens qu'elle présente ici, bien que le grammairien Charisius[1] ait écrit : *Ast, apud antiquos, variam vim contulit vocibus, pro* atque, *pro* ac, *pro* ergo, *pro* sed, *pro* tamen, *pro* tum, *pro* cum, *ut in glossis antiq. legimus scriptum.* Sur quoi, le docte Facciolati avait noté que le grammairien latin ne citait aucun exemple à l'appui de son affirmation : *nullo hæc exemplo confirmat.* Eh bien, l'exemple regretté par le lexicographe italien, le voilà dans les nouveaux bronzes d'Osuna.

La rigueur des lois romaines à l'égard du débiteur d'argent prêté est un trait de mœurs remarqué dès longtemps, et nous en avons ici une application, tirée de l'époque où la cause de l'humanité en faveur des débiteurs obérés se présentait cependant sous l'aspect le plus favorable. On peut signaler, à ce sujet, la différence du génie romain et du génie germanique. La loi salique s'occupe aussi de la procédure d'exécution à l'égard du débiteur *rei præstitæ;* mais toute barbare qu'elle est dans la forme et dans le fond, elle n'a pas imaginé possible la *manus injectio* et l'*abductio in carcerem* du droit romain[2]. Le respect de la liberté individuelle ne s'est pas produit, à Rome, avec le même caractère que chez les Germains.

Notre fragment de la loi génétivaine constate toutefois un adoucissement de la célèbre loi des Douze Tables, dont Aulu-Gelle nous a conservé la substance et quelques lignes originales[3]. La disposition atroce de la loi décemvirale a disparu dans la loi d'Osuna, mais la loi modifiée n'en conserve pas moins la rudesse des mœurs primitives.

[1] Voy. page 137 de l'édition de Lindemann, dans ses *Gramm. latini.*

[2] Voy. R. Sohm, *La procédure de la Lex Salica.* Trad. de l'all. par Thévenin, p. 18 et suiv. (1873, in-8°). Cf. For-schungen üb. das Recht der salischen Franken, de Clément et Zoepfl, 1876, in-8°, p. 216 et suiv.

[3] *Noct. Attic.* xx, 1 : et mon *Enchiridion*, p. 8 et suiv.

Ce qui nous est livré du paragraphe LXI rappelle les dispositions analogues de la loi *Rubria*, faite pour la Gaule cisalpine [1], et le règlement plus ancien d'une loi Valeria(?) dont Gaïus nous a donné l'indication [2]. Notre fragment tranche même une question controversée parmi les érudits, celle de l'auteur véritable d'une loi *Julia, De cessione bonorum* [3], laquelle aurait introduit, en faveur des débiteurs, le bénéfice de la cession de biens, comme moyen de libération. Il est évident que c'est Auguste et non Jules César qui a introduit ce nouveau tempérament, car la loi d'Osuna garderait à coup sûr la trace de cette loi *Julia*, si elle était de provenance césarienne. Loin de là elle maintient la sévérité inflexible de l'exécution personnelle, telle qu'on la pratiquait avant la loi qui accorda le bénéfice de la cession de biens. Notre fragment rectifiera bien d'autres idées reçues sur la procédure d'exécution chez les Romains, pendant la période qui s'est écoulée depuis la loi *Pœtelia* jusqu'à Auguste [4]. Y avait-il dans le fragment qui nous fait défaut quelque souvenir de l'*Ejuramentum bonæ copiæ* dont il est parlé dans la Table d'Héraclée ? Nous l'ignorons.

CHAPITRE II.

LOIS DE CÉSAR, SUR LES PRÊTS D'ARGENT.

Comme tous les agitateurs de la démocratie romaine, César, pendant la guerre civile, avait dû promettre une modification du droit des dettes [5]; mais, arrivé au pouvoir, il avait conservé la rigueur civile de l'ancien droit vis-à-vis des insolvables ou des débiteurs de mauvaise foi, et s'était borné à donner des facilités de libération aux débiteurs qui offraient à leurs créanciers des satisfactions ou des sûretés; encore ce règlement n'était-il applicable qu'à l'Italie; voilà ce qui résulte de la comparaison du texte de César, dans ses commentaires *De bello civili*, avec notre loi

---

[1] Voy. le *Corpus inscript. latin.* de Berlin, I, p. 114, et mon *Enchiridion*, p. 614, cap. XXI.

[2] Voy. Gaïus, *Comment. IV*, § 25, et *ibi* Lachmann. M. Studemund lit : *lege Vallia.*

[3] Voy. Van Heusde, *De lege Pœtelia Papiria* ('Traj. ad Rhen., 1842, in-8°), p. 125 et suiv., et Bach, *Hist. jurisp. rom.* édit. de Stockmann, p. 193.

[4] Voyez, entre autres, le *Traité des ac-* tions de Keller, § 83 ; mes *Nexi*, p. 132 et suiv.; Huschke, *Nexum*, etc.

[5] Voy. Sénèque, *De benef.* I, IV; Suétone, *J. Cesar*, § 42 ; César, *De bello civ.* III, 1; Quintilien, *Declamat.* 336, etc. M. Van Heusde nous a déjà signalé ce qu'il y avait à rectifier dans l'*Hist. jurisp. rom.* de Bach, au sujet des lois de César sur l'*æs alienum*. La loi d'Osuna confirme cette remarque et en fournit une nouvelle preuve à l'appui.

d'Osuna qui n'accorde aucune facilité de ce genre aux citoyens romains de la colonie génétivaine.

Écoutons César lui-même : *Cum fides tota Italia esset angustior, neque creditæ pecuniæ solverentur, constituit (dictator) ut arbitri darentur; per eos fierent æstimationes possessionum et rerum, quanti quæque earum ante bellum fuisset, atque hæ creditoribus traderentur,* Hoc et ad timorem novarum tabularum tollendum minuendumque, *qui ferre bella et civiles dissensiones sequi consuevit, et ad debitorum tuendam existimationem esse aptissimum existimavit* [1].

Suétone ne constate point la restriction à l'Italie, mais il donne quelques détails de plus, incomplétement recueillis peut-être, car ils contrarient le témoignage de César en un point important; cependant on ne peut leur refuser un caractère juridique, inspirant la confiance : *De pecuniis mutuis,* dit-il, *disjecta novarum tabularum exspectatione, quæ crebro movebatur, decrevit tandem, ut debitores creditoribus satisfacerent, per æstimationem possessionum, quanti quasque ante bellum comparassent, deducto summæ æris alieni, si quid usuræ nomine numeratum, aut* perscriptum [2] *fuisset : qua conditione quarta pars fere crediti deperibat.*

Tacite nous révèle un autre règlement de César auquel il semble donner son approbation, mais sur lequel le dictateur a gardé le silence, en ayant probablement reconnu le caractère chimérique. L'existence de cette loi dictatoriale est incontestable, car elle est certifiée non-seulement par Tacite, mais encore par Dion Cassius [3], comme se rapportant aux premiers temps de la dictature, et l'historien grec ajoute même une circonstance omise par Tacite. En effet, ce règlement de César a été l'occasion, sous le règne de Tibère, d'une crise financière sur laquelle le grand historien latin s'étend avec complaisance, et qui prouve que la sagacité n'a point manqué aux anciens pour apprécier certains phénomènes d'économie financière, tout comme il le montre, dans le haut empire, la singulière persistance des mœurs usuraires de l'aristocratie romaine, malgré les calamités politiques dont ces habitudes anciennes avaient été la cause ou le prétexte.

« En ce temps-là, dit Tacite, c'est-à-dire vers l'an 769, il y eut un « grand déchaînement d'accusations contre ceux qui faisaient valoir « leur argent par des prêts usuraires, à l'encontre de la loi du dictateur

---

[1] César, *De bello civili*, III, 1, Nipperdey.

[2] Cf. Fr. 6, *Dig.*, *Quibus modis pignus*, sur la différence entre *solvere* et *satisfacere;* et voyez, sur les *perscriptiones* des *Argentarii*, des banquiers, la note de Burmann sur Suétone, *loc. cit.*

[3] Voy. *Ann.* VI, xvi et xvii, et *ibi* Orelli, 2; Dion Cassius, XLI, xxxviii, et LVIII, xxi, Sturz.

« J. César, *De modo credendi possidendique intra Italiam.* » Tacite, en rapportant la rubrique de la loi, en fait connaître l'objet, mais nous restons
sans indice sur les détails de l'acte législatif. Dion Cassius fournit un
renseignement précieux. La loi de César aurait défendu aux citoyens de
garder en caisse une valeur supérieure à 15,000 drachmes, limitant à
ce chiffre la réserve pécuniaire de chacun, le surplus devant être employé en acquisitions de propriétés territoriales. Toutefois Tacite est té-
moin que la loi de César n'a point été exécutée.

C'était une satisfaction illusoire donnée à la démocratie romaine.
Mais, une fois la dictature obtenue, César avait trop d'intérêt à faire sa
paix avec l'ordre des chevaliers, qui avait en mains toute la finance
de l'empire, et avec ce qui restait de patriciens prêts à lui donner l'appui de leur considération, pour ne pas laisser tomber en désuétude une
loi si mal conçue et si antipathique aux mœurs de la société contem-
poraine. La vie publique était fort chère, à Rome; l'industrie manufac-
turière en était bannie, et les prêts d'argent formaient une ressource
pour l'aristocratie pécunieuse, en même temps qu'une nécessité pour les
citoyens malaisés. On ne connaît pas l'histoire romaine, si l'on ne tient
grand compte de ces habitudes séculaires de la capitale.

C'était en effet, dit Tacite, une vieille plaie pour Rome que celle
de l'usure, source bien ancienne de dissensions intestines et de sédi-
tions déclarées. *Sane vetus urbi fœnebre malum, et seditionum discordiarum-
que creberrima causa.* L'organisation de la société romaine y avait exposé,
poussé même la cité, alors que la simplicité antique et la pureté des
mœurs prédominaient encore : *Eoque cohibebatur, antiquis quoque et minus
corruptis moribus.* De là les lois multipliées qui, sous la République, furent décrétées sur la matière. Advenant la période des guerres civiles,
on retrouve envenimées les mêmes causes de récrimination entre les
capitalistes et les débiteurs, et César, à ses débuts, dut flatter ces derniers qui formaient une classe nombreuse, et toujours remuante de la
population urbaine. C'était, pour Rome, l'équivalent des querelles entre
les patrons et les ouvriers, qui ont agité les républiques italiennes du
moyen âge, et qui fermentent dans les États industrieux de l'Europe
moderne.

Mais, tout inexécutée qu'elle fut, la loi de César demeura comme
un regret, et devint l'occasion ou le prétexte d'une perturbation économique, à Rome, au commencement du règne de Tibère.

Le déchaînement public contre les capitalistes agioteurs et usuriers
prit un caractère si grave, dit Tacite, que le préteur Gracchus, homme
de grande considération, crut devoir en porter la connaissance au prince

et au Sénat. Il y eut dans la curie une grande émotion, car bien peu de sénateurs étaient exempts de reproches à ce sujet. L'indulgence de Tibère fut invoquée. Le prince s'y montra facile, pour le passé. Mais, pour l'avenir, la loi de César revint en mémoire à l'administration impériale, et il fut décidé de la remettre en vigueur. Sur la proposition du prince, le Sénat décréta donc que, dans les dix-huit mois qui suivraient, on eût à se mettre en règle avec la loi Julienne, et qu'on ordonnât ses affaires en conséquence.

De ce décret, dit Tacite, naquit la rareté du numéraire, les affaires de chacun se présentant à liquider tout à la fois et d'un seul coup. *Hinc inopia rei nummariæ, commoto simul omnium ære alieno.* A cela joignez que les proscriptions et les ventes forcées avaient concentré l'argent monnayé dans les caisses publiques : *Et quia, tot damnatis, bonisque eorum divenditis, signatum argentum fisco vel ærario attinebatur.*

Par surcroît, le Sénat avait prescrit, pour couper court aux prêts d'argent, que chacun eût à placer les deux tiers de son avoir pécuniaire en achat de biens-fonds, en Italie : *ad hoc, Senatus prescripserat duas quisque fœnoris partes in agris per Italiam conlocaret.*

Mais, sous le coup de cette prescription, les capitalistes ne se bornaient pas à provoquer le recouvrement des deux tiers de leur argent, ils en exigeaient sur-le-champ la totalité. *Sed creditores in solidum appellabant;* et il paraissait être de l'honneur public de ne pas discréditer tant de débiteurs à la fois : *nec decorum appellatis minuere fidem.*

Il y eut donc tout d'abord affluence de demandes d'argent de la part des créanciers, et de prières de patience de la part des débiteurs. *Ita primo concursatio et preces.* Puis le tribunal du préteur retentit de ce bruit : *dein strepere prætoris tribunal.* Et le remède qu'on avait imaginé pour éloigner les capitaux de la pratique usuraire se tournait contre le but poursuivi par le Sénat; les capitalistes s'appliquant, à l'envi les uns des autres, à réaliser leurs créances et à tenir leur argent en réserve pour être en mesure de profiter de l'avilissement du prix des terres, que chacun était obligé de vendre pour se libérer : *caque, quæ remedio quæsita, venditio et emptio, in contrarium mutari; quia fœneratores omnem pecuniam mercandis agris condiderant.*

Et en effet, de l'obligation générale de vendre, pour payer, était résulté l'abaissement des valeurs territoriales; plus un malheureux était obéré, moins il trouvait à vendre à bon prix : *copiam vendendi secuta vilitate, quanto quis obæratior, ægrius distrahebant.* Les fortunes étaient bouleversées : *multique fortunis provolvebantur.*

Dans cette crise universelle des affaires domestiques, la considération, la dignité d'une foule de familles se trouva compromise : *eversio rei familiaris dignitatem ac famam præceps dabat.*

Le prince y vit enfin du danger pour l'État; il y porta le secours du trésor, en faisant distribuer dans les banques publiques, *per mensas,* quelques millions de sesterces, destinés à faire des prêts sans intérêt, pour trois ans, à quiconque offrirait la garantie en fonds de terre du double de l'argent prêté : *donec tulit opem Cæsar, disposito per mensas millies sestercio, factaque mutuandi copia, sine usuris, per triennium, si debitor populo in duplum cavisset.* Ainsi nous n'avons pas l'invention du crédit foncier. Les Romains nous y ont devancé. Au moyen de cet expédient, ajoute Tacite, la confiance se rétablit, et peu à peu l'on retrouva de nouveau des bailleurs de fonds pour les emprunts privés. *Sic refecta fides, et paullatim privati quoque creditores reperti.*

Le système des achats forcés de terres en Italie fut également abandonné. L'on s'abstint d'exécuter ce malencontreux sénatus-consulte, où s'affichait plus de bonne intention que de prévoyance des résultats, les moyens ne répondant pas toujours, en cas pareil, à la fin qu'on se propose : *neque emptio agrorum exercita, ad formam senatusconsulti, acribus, ut ferme talia, initiis, incurioso fine.*

Mais retournons à notre loi d'Osuna.

CHAPITRE III.

LES OFFICIERS DE SERVICE DES MAGISTRATS.

Le paragraphe LXII est d'une véritable importance archéologique, en ce qu'il nous fournit des notions qui nous manquaient sur le personnel de service d'une administration de cité, comme a dû être celle de Genetiva, laquelle nous représente un grand établissement à la fois militaire et civil, tel qu'ont été, en général, les colonies des Romains, qu'il ne faut pas confondre, à l'époque de César, avec les municipes proprement dits; confusion qui a égaré des écrivains fort estimables.

Urson était situé sur un plateau de difficile accès qui dominait la contrée. Aujourd'hui encore on ne parvient à Osuna qu'avec d'assez grandes fatigues de voyage, si l'on excepte le côté par où le chemin de fer ouvre une communication avec Séville. A la suite de sa dernière et brillante campagne dans la Bétique, César, appliquant la politique séculaire de son pays[1], avait installé en ce lieu, *præsidii causa,* comme dit

[1] *Hic populus quot colonias in omnem provinciam misit? Ubicunque vicit Ro-* *manus, habitat.* Sénèque, *Dial.* IX, VII. — éd. Fickert.

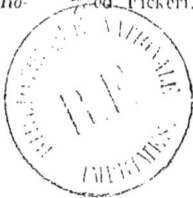

Tite-Live, un *propugnaculum*, ainsi qu'on appelait les anciennes colonies militaires[1], et l'avait peuplé de quelques milliers d'individus pris en partie parmi ceux dont il avait purgé la ville de Rome[2], leur donnant une *formula coloniæ* moulée sur la constitution à la fois municipale et militaire de la ville de Rome elle-même, dont ils étaient citoyens originaires. On voit encore à Osuna les ruines d'un amphithéâtre et de plusieurs autres édifices considérables.

L'administration coloniale de la Genetiva de César a donc été établie sur un grand pied, qu'il ne conviendrait pas de prendre comme type exact de tous les autres établissements municipaux. Ici, comme dans toute l'organisation des cités soumises à l'empire de Rome, a régné une grande variété, avec quelques traits généraux, communs à tous les centres de population. Quoi qu'il en soit, nos nouvelles tables nous révèlent à Genetiva l'existence d'un personnel d'officiers ministériels dont le détail complète, étend et confirme les connaissances éparses que nous avions déjà sur le même sujet.

M. Th. Mommsen a très-heureusement mis à profit, pour la seconde édition du tome Ier de son *Droit public romain*[3], la communication de l'estampage de notre chapitre LXII, que M. Ocaña avait faite à l'Allemagne, en même temps qu'à la France, alors qu'il cherchait des enchérisseurs pour ses tables à vendre, sur les principaux marchés scientifiques de l'Europe. Cette communication de l'échantillon de nos bronzes nouveaux explique les citations discrètes de M. Mommsen, notamment aux pages 321, 324 et autres de son livre. Le chapitre du docte archéologue allemand, intitulé : *die Dienerschaft der Beamten*, nous offre le tableau le plus érudit et le plus complet de ce personnel de service, employé auprès des magistrats, soit dans la capitale, soit dans les provinces romaines. Certains signes extérieurs sont propres au magistrat romain proprement dit, tels que les faisceaux et la hache, symboles de l'*imperium* qu'avaient bien les magistrats de Genetiva, mais que n'eurent jamais les magistrats municipaux. Toutefois, pour la qualité des officiers ministériels, il n'y a guère de différence entre la capitale et la province. Cependant on y peut remarquer quelque di-

[1] Voy. mes *Remarques nouvelles sur les bronzes d'Osuna*, p. 81.
[2] Voy. Suétone, *Jules César*, § 42. Il avait enlevé plus de 80.000 hommes à la basse population de Rome.
[3] *Römisches Staatsrecht*, erst. Band, zw. Aufl.: 1876, p. 306 et suiv. La science archéologique a fait sur ce point d'immenses progrès; il suffit, pour s'en convaincre, de jeter les yeux sur les livres de Pitiscus, de Spanheim, et autres savants des derniers siècles, et de les comparer à ceux de MM. Mommsen et Marquardt.

versité. Les abondantes indications de M. Mommsen en fournissent la
preuve [1].

Chacun des duumvirs de Genetiva pouvait avoir, attachés à sa personne, deux licteurs, un *accensus*, que je traduis par adjudant ou or-
donnance [2], deux secrétaires, greffiers ou scribes, deux huissiers, un
expéditionnaire ou *librarius* [3], un crieur public, un haruspice, un trompette : *Duumviri quicumque erunt, iis duumviris, in eos singulos, lictores
binos, accensos singulos, scribas binos, viatores binos, librarium, præconem,
haruspicem, tibicinem, habere jus potestasque esto.*

Le service de chaque édile pouvait se composer d'un *scriba publicus*,
assisté de quatre esclaves publics, ou servants, vêtus du *limum* [4], jupon
bordé de pourpre, d'un crieur, d'un haruspice et d'un trompette : *Quicumque in ea colonia ædiles erunt, iis ædilibus, in eos ædiles singulos, scribas
singulos, publicos cum cincto limo quatuor, præconem, haruspicem, tibicinem, habere jus potestasque esto.* Remarquons, sur le mot *publicos*, l'ellipse connue du mot *servus*, lequel est sous-entendu, ellipse attestée par
une foule d'autres monuments [5].

Tous les serviteurs, ou officiers ministériels précités, devaient être
pris parmi les colons de la colonie : *Ex eo numero, qui ejus coloniæ coloni
erunt, habeto.*

Édiles et duumvirs avaient le droit, pendant leur magistrature, de
porter la robe prétexte, vêtement distinctif des magistrats romains, et
d'user, à l'occasion, de torches de cire, les officiers inférieurs ne devant

---

[1] Lorsque j'imprimais ces lignes, dans
le *Journal des Savants*, je ne connais-
sais pas le VI⁰ vol., 1ʳᵉ partie, du *Corpus inscriptionum latinarum*, qui paraissait, en ce moment, à Berlin. Il est
consacré aux *inscriptiones urbis Romæ*, et
il abonde en informations épigraphiques,
sur les *apparitores magistratuum publico-
rum*. Je me borne à y renvoyer mes lecteurs, pour la confirmation et l'amplifica-
tion de ce que j'ai déjà noté sur le chapitre LXII de notre loi.

[2] Voy. le *Dictionn. des antiq. grecques
et romaines* de MM. Daremberg et Sa-
glio, v° *Accensi*, § 5. — Cf. Spanheim,
De præst. et usu numism. antiq., t. II,
p. 93, et suiv., et Suétone, *Cæsar*, 20.

[3] Il ne faut pas confondre ces gens
de service des magistrats de Genetiva
avec les esclaves adonnés à la profession

de copiste au service des particuliers et
connus aussi sous le nom de *Librarii*.
Cicéron, *ad Atticum*, XII : *Misi librum
ad Muscam ut tuis librariis daret; volo
enim eum divulgari.* — *Ibid.* IV, 16 : *Epistolæ nostræ tantum habent mysteriorum et
eas ne librariis fere committimus.* — *Ibid.*
IV, 4 : *Vellem mihi mittas de tuis librario-
lis duo.* On appelait aussi du nom de *Librarii* les marchands de livres ou manuscrits, et *Libraria* les ateliers de copistes,
libres ou serviles. Les esclaves attachés
à l'art de l'écriture chez les particuliers
s'appelaient aussi *Scribæ*. Voy. Cicéron,
Verr. III, 80, Zumpt.

[4] Voy. Orelli, n° 3219, et nos *Remarques nouvelles*, p. 93.

[5] Voy. Marini, *Atti e monum. degli
Arv.*, t. I, p. 211 et suiv.; Orelli, n° 3303;
Mommsen, *loc. cit.* p. 311 et suiv.

user probablement que de torches de poix-résine : *Iisque duumviris, œdilibusque, dum eum magistratum habebunt, togas prætextas, funalia cerea, habere jus potestasque esto.*

Magistrats et gens de service étaient exempts de l'appel militaire pendant l'année de leur charge, et n'y pouvaient en rien être contraints, à moins qu'il ne s'agît de *tumultus italicus* ou de *tumultus gallicus*, de soulèvement dans l'Italie ou dans les Gaules : *Quos quisque eorum, ita scribas, lictores, accensos, viatorem, tibicinem, haruspicem, præconem habebit, iis omnibus, eo anno, quo anno quisque eorum apparebit, militiæ vacatio esto, neve quis eorum, eo anno quo magistratui apparebit, invitam militem facito, neve fieri jubeto, ... nisi tumultus italici gallicive causa.*

Il est très-curieux de retrouver au fond de l'Espagne, et dans une loi dictée par César, l'appréhension de ces mouvements italiques et de l'insurrection des Gaules, au milieu desquels le dictateur avait passé sa vie. On peut croire, du reste, que la loi d'Osuna, sur ce point, ne reproduit qu'une formule usitée à Rome, dans les exemptions ou dispenses et congés de service militaire. C'était probablement une clause de style, depuis bien des années. Il est permis de le penser, en lisant ce passage de Cicéron, en ses Philippiques[1] : *Majores nostri*, dit-il, TUMULTUM *italicum, quod erat domesticus*, TUMULTUM *gallicum, quod erat Italiæ finitimus, præterea nullum nominabant. Gravius autem* TUMULTUM *esse quam* BELLUM, *hinc intelligi licet, quod* BELLO *vacationes valent,* TUMULTU *non valent.*

La loi coloniale d'Osuna fixe ensuite les salaires et profits de chacun des officiers ministériels précités; et l'on peut juger, par le taux comparé de leur rémunération, du degré d'estime et de considération accordé à chacun. Les bronzes ossoniens donnent pour la première fois cet utile renseignement. Les *scribæ* des duumvirs ont chacun 1200 sesterces de gages; le scribe de l'édile n'en avait que 800. L'*accensus* des duumvirs gagne 700 sesterces; les deux licteurs n'en touchent que 600 chacun. L'haruspice de l'édile et du duumvir ne sont pas traités sur le même pied; celui du duumvir gagne 500 sesterces[2], celui de l'édile n'en obtient que cent. Les huissiers, *viatores*, ne reçoivent que 400 sesterces chacun. Le crieur, *præco*, n'en touche que 300. Le copiste, *librarius*, reçoit le même traitement, ainsi que le trompette, *tibicen*. Le chapitre LXIII fixe les décomptes dont ces traitements sont susceptibles[3].

---

[1] *Philipp. octava*, cap. 1, Wernsdorf.

[2] Le premier estampage de la première colonne à nous communiquée était avarié sur ce point, comme en quelques autres, peu importants du reste.

[3] Je dois l'explication des premières sigles de ce chapitre LXIII à la perspicacité de M. L. Renier. Ce chapitre se rapporte à l'époque de l'inauguration de la colonie, et peut-être à la réforme ju-

Le chapitre LXII nous apprend donc du nouveau, soit en particulier pour ce qui touche les insignes et le personnel de service des administrateurs des colonies, à l'époque de César, soit encore par présomption pour ce qui touche les mêmes officiers à Rome, auprès des préteurs et consuls, dont nous avons un reflet dans les duumvirs coloniaux.

A Genetiva, le duumvirat ou consulat était séparé de l'édilité, tandis que, dans d'autres cités moins importantes, les deux fonctions étaient réunies. Mais la préture romaine se confondait, dans notre colonie, avec le duumvirat, comme, en général, dans toutes les autres cités extra-italiennes, ce qui explique et motive la restriction de la compétence judiciaire des duumvirs municipaux ou coloniaux.

CHAPITRE IV.

LA POLICE DU CULTE.

Le paragraphe LXIV est d'une importance plus capitale encore; il est relatif au culte religieux dans la colonie[1]. Aucun historien du droit municipal n'avait, jusqu'à ce jour, fait entrer dans le domaine du droit statutaire des cités la police du culte. Notre précieux texte va combler cette lacune.

La religion des Romains, quoique persistante en apparence depuis la fondation de la ville, fut soumise en réalité à de grandes variations, selon les temps, et l'on peut classer ces variations de la superstition publique en plusieurs périodes différentes.

La première embrasse l'époque des rois, et offre le mélange du culte sabinique et des pratiques étrusques.

La seconde s'étend de l'expulsion des rois aux guerres puniques. Les cultes originaires y sont fondus, et la religion s'y développe avec un caractère plus national, plus personnel, si je puis le dire, à l'État romain proprement dit.

Dans une troisième période, nous rencontrons l'influence de la

---

lienne du calendrier, laquelle est de l'an 708. Voy. Blondel, *Hist. du calendrier romain* (La Haye, p. 1784, in-12), p. 55 et suiv.

[1] Sur la religion des Romains, voy. Beaufort, *La République romaine*, t. I, p. 1 et suiv., ouvrage où, malgré beaucoup de confusion et l'insuffisance des documents, on retrouve les vrais prin-cipes de la matière. Cf. Becker et Marquardt, *Handbuch d. r. Altert.*, t. IV tout entier; Mommsen, *Römisch. Staatsrecht*, t. II; Bouché-Leclerc, *Les pontifes de l'ancienne Rome*, Paris, 1874, in-8°; Van Dale, *De pontificatu maximo*, dans ses *Dissertat. ant.*, Amsterdam, 1702, in-4°; Eckhel, *Doct. num. veter.* t. VIII, pag. 380, suiv.; Creuzer, *Symbolik*, etc.

Grèce et de la philosophie. Les livres de Cicéron nous en donnent la dernière expression.

Enfin la domination impériale amène une nouvelle et considérable transformation, dans une dernière période qui s'étend jusqu'à la reconnaissance du christianisme comme religion de l'État.

Mais, malgré ces classifications, qu'on peut taxer d'artificielles, une assez grande obscurité enveloppe encore l'histoire ancienne des doctrines religieuses des Romains et surtout des superstitions populaires.

Il n'en est pas de même de l'histoire extérieure du culte et de ses ministres. Le pontificat a toujours été confondu à Rome dans le gouvernement politique du pays, et nous avons de meilleures et plus complètes notions de ses vicissitudes que de la théogonie proprement dite.

Une chose apparaît avec clarté à travers les nuages dont est entourée l'histoire de la religion romaine; c'est qu'elle fut, dès la plus haute antiquité, un instrument de politique aux mains de l'aristocratie, qui s'attribua de bonne heure la direction des idées religieuses, en fit l'objet de mystères traditionnels, et favorisa singulièrement la propension superstitieuse du pays, pour diriger le peuple et l'État avec plus d'avantages et de facilité.

Jalouse du pouvoir, et parfaitement instruite des conditions de son exercice, elle s'attribua et conserva l'administration du culte, et en fit l'objet principal du droit public.

De bonne heure l'organisation du culte fut concentrée dans les mains du patriciat. Il n'y eut jamais à Rome de caste sacerdotale, et le pontificat y fut toujours une charge laïque, très-importante, très-considérée, très-influente, mais constamment remplie par les mêmes personnes qui suivaient la carrière politique, et se cumulant souvent avec les charges publiques elles-mêmes.

Un collége laïque de pontifes avait à sa tête un chef puissant, et administrait les choses touchant à la religion, soit dans l'ordre civil, comme dans certaines relations de famille, soit dans l'ordre purement spirituel et liturgique, comme dans les pratiques et cérémonies. Les attributions juridiques de ce collége étaient fort étendues, et nous y reviendrons. L'initiative et l'intendance générale sur toutes les affaires religieuses appartenait au grand pontife, chef du collége, et au Sénat.

Les pontifes étaient au nombre de quatre ou cinq, pendant les premiers siècles. Ils constituaient tellement un pouvoir public, que les plébéiens, après avoir obtenu la communication des autres magistratures, voulurent aussi avoir leur part de celle-là. Vers l'an 453 de Rome, quatre pontifes plébéiens furent agrégés aux pontifes patriciens, et il fut réglé qu'on suivrait cette proportion dans toutes les vacances ultérieures. C'était le collége qui nommait à ces vacances, par *allectio* ou *cooptatio*. Mais, en 649, Cn. Domitius, irrité contre le collége qui ne l'avait point nommé en remplacement de son père, fit voter par le peuple une loi qui appliquait au pontificat et aux augures l'élection populaire.

Sylla abolit cette loi et rendit aux colléges leur ancien droit, en augmentant jusqu'à seize le nombre primitif de leurs membres. En 690, le tribun Labienus fit revivre la loi *Domitia* au profit de J. César. Celui-ci ne voyait point d'apparence de se faire choisir par le collége des pontifes, et il se tenait assuré, tout au contraire, de la faveur du peuple, pour y être nommé par l'élection. Et, en effet, le peuple l'élut pontife, et immédiatement après grand pontife.

Quant à cette dernière dignité, elle était si considérable, qu'il y avait toujours été pourvu par le suffrage populaire. Les patriciens en restèrent seuls en possession jusque vers l'an 500 de Rome, où un plébéien obtint d'y être élevé pour la première fois.

Le sacerdoce des pontifes et des augures était viager, mais sujet à destitution ou révocation par le peuple, en certains cas donnés.

C'est à cette période de la religion romaine et à l'ordre d'idées qui prévalait au temps de César, dans la ville de Rome, qu'appartient le règlement du culte que nous trouvons dans les bronzes d'Osuna. Il complète les notions que nous avions sur l'organisation politique de la religion romaine. Si je ne me trompe, c'est le seul monument épigraphique où nous trouvons de pareilles dispositions. C'est même le seul règlement législatif que nous ayons sur cette matière et pour cette époque. L'importance archéologique des prescriptions que nous recueillons dans les chapitres LXIV et suivants est donc singulière, et d'une remarquable rareté. Elles répondent à ce que nous appellerions le droit public ecclésiastique, et jettent un jour nouveau sur le caractère de la religion romaine. Nul autre document public ne nous fournit à ce sujet une aussi ample et une aussi intéressante indication.

L'organisation du culte chez les Romains présente ce trait caractéristique, qu'elle n'a point mis la religion dans la main d'une classe distincte et séparée, d'un pouvoir spirituel indépendant du pouvoir temporel. Bien au contraire, le gouvernement politique des Romains a concentré les pouvoirs publics et les pouvoirs religieux, et, quoique profondément imprégné de superstition, le gouvernement politique a gardé la suprématie sur la puissance religieuse, a subordonné l'une à l'autre, et le Sénat est constamment demeuré maître de la direction religieuse de la société. Le génie de Rome et du Sénat ayant été, dans ce temps-là, l'objet d'un culte particulier, on a été conduit de même à la divinisation des empereurs, après la chute de la République.

L'État, à Rome, était le maître de tout. Le magistrat politique avait toujours le dernier mot. Nous retrouvons le même principe dans la loi coloniale d'Osuna. Il n'y a pas deux pouvoirs juxtaposés, le temporel et le spirituel. A vrai dire, il n'y en a qu'un seul, le pouvoir public, et il a pour ministre, non une puissance théocratique, mais la puissance civile amplifiée par des attributions religieuses.

C'est ce qui fit dire à Polybe, au vII⁰ siècle de la cité, qu'une chose qui produit souvent de mauvais effets sur les autres hommes lui paraissait avoir le plus contribué à la grandeur de Rome, c'est-à-dire la superstition. Elle est poussée, dit-il, au plus grand excès, tant dans le public que dans le particulier, mais ce n'est au fond qu'un instrument politique, entre les mains de ceux qui gouvernent la ville. La police des colléges des pontifes et des augures appartient toujours au Sénat en premier ressort : au peuple, c'est-à-dire au souverain, en appel et en dernier ressort.

A l'égard des étrangers, des États alliés ou soumis, des municipes, la tolérance religieuse fut complète ; chacun crut ce qu'il voulut croire, et pratiqua le culte qui lui convint. Mais, à l'égard du Romain proprement dit, il en fut autrement ; il n'y eut de religion tolérée que celle qui fut reconnue et pratiquée par l'État. *Datum inde negotium ædilibus, ne qui nisi romani dii, neu quo alio more, quam patrio, colerentur.* Tel était, au rapport de Tite-Live (IV, xxx), le principe dominant au vᵉ siècle de Rome ; et l'on en vit l'application solennelle, à l'époque où fut rendu le sénatus-consulte des Bacchanales (en 566 de Rome), en vertu duquel *negotium est magistratibus datum ut sacra externa fieri vetarent..... omnem disciplinam sacrificandi præterquam more romano abolerent*[1]. Si quelquefois l'État se montra facile à l'admission de dieux étrangers, la première condition, pour leur culte, fut toujours d'être permis et reconnu par les pouvoirs publics. Le Sénat gardait sur ce point la haute main et d'inflexibles maximes. La superstition dominait, mais sous la protection de l'État. Le souverain politique restait l'arbitre de la direction religieuse.

A l'exemple de ce qui se passait à Rome, le chapitre LXIV de la loi génétivaine mit au pouvoir du sénat colonial la police et la liturgie du culte public dans la colonie. Le premier soin des duumvirs, à leur entrée en charge, dut être de régler la matière du culte et la liturgie, pour

---

[1] Voy. le Discours des consuls dans Tite-Live XXXIX xv et xvi.

l'année de leur magistrature : *Duumviri quicunque, post coloniam deductam, erant, ii in diebus X proxumis, quibus eum magistratum gerere cœperint, ad decuriones referunto... quos et quot dies festos esse, et quæ sacra fieri publice placeat, et quos ea sacra facere placeat. Quod ex eis rebus decurionum major pars decreverint, statuerint, id jus ratumque esto, eaque sacra, eique dies festi, in ea coloniâ sunto.* Le Sénat avait à Rome cette compétence souveraine, à laquelle participait le grand pontife, dans une certaine mesure. A Genetiva, ce pouvoir est concentré dans le duumvirat et la curie [1].

CHAPITRE V.

LE BUDGET DU CULTE.

Après avoir posé le principe fondamental du droit public de la colonie, en fait de liturgie et de religion, principe dont nous avions pu déjà remarquer une des conséquences, dans le chapitre cxxviii de nos premiers bronzes [2], la loi génétivaine s'applique à régler quelques points du budget religieux de la colonie, ainsi que l'administration des fonds destinés à l'entretien du culte, et l'obligation des jeux publics qui, chez les anciens, étaient un complément des exercices pieux des populations. Tel est, dans nos nouvelles tables, l'objet des chapitres LXV, LXIX, LXX et LXXII, où nous trouvons encore un reflet des usages consacrés dans la métropole de l'empire [3], sans que le statut colonial reproduise cependant le tableau détaillé de toutes les ressources financières qui étaient, dans Rome, à la disposition des collèges religieux, par la raison bien simple que la colonie n'offrait pas un développement aussi étendu de l'organisation religieuse.

---

[1] Voyez, pour compléter nos indications sur la religion romaine, les savants articles de M. Maury sur l'ouvrage de M. Boissier. *Journal des Savants* de 1874.

[2] CXXVIII. « IIvir ædilis præfectus coloniæ G. J. quicumque erit, is, suo « quoque anno, magistratu imperioque « facito curato, quod ejus fieri poterit, uti « quod recte factum esse volet sine dolo « malo, magistri ad fana templa delubra, « quemadmodum decuriones censuerint, « suo quoque anno fiant; eique decurio « num decreto, suo quoque anno, ludos

« circenses, sacrificia pulvinariaque fa-« cienda curent, quemadmodum quid-« quid de iis rebus magistris creandis, « ludis circensibus faciendis, sacrificiis « procurandis, pulvinaribus faciendis, « decuriones statuerint decreverint, ea « omnia ita fiant, » etc. Voy. p. 33 de mon édition in-8° (1874).

[3] Voyez, dans le *Römisches Staatsrecht* de M. Mommsen, vol. II, p. 58 et suiv. (1874), le chapitre intitulé : *Das Göttergut.*

Ces ressources paraissent avoir été considérables, à Rome, dans tous les temps, mais Beaufort s'est mépris sur leur caractère, trompé qu'il a été par l'analogie qui se présentait à son esprit entre les biens d'église de son temps et la fortune des temples, dans la république romaine. L'exercice du culte coûtait fort cher, à Rome; un grand luxe régnait dans les repas religieux, au temps d'Horace [1] et de Cicéron [2]; mais on ne saurait tirer de ces dépenses aucune assimilation avec les opulents bénéfices dont jouissait notre clergé, sous l'ancien régime. On ne saurait pas davantage reconnaître, dans le sacerdoce de Rome ancienne, cette puissante individualité civile et politique, rivale du souverain quand elle ne le domine pas, et qu'on appelle l'Église. Rien de semblable n'apparaît dans la république romaine, et nous savons que, sous l'empire, le pouvoir pontifical est absorbé par le pouvoir impérial.

Sans que nos bronzes en disent rien, du moins dans ce que nous en connaissons, on peut affirmer qu'il y avait dans les colonies, ainsi qu'à Rome, des *loca sacra*, comme les temples, des *loca religiosa*, comme les tombeaux [3], et même des biens religieux susceptibles de produits, comme des bois sacrés [4]; mais, au fond, ce genre de biens est imprégné de propriété publique ou communale, et la destination religieuse cessant, par quelque cause que ce soit, et avec les rites requis, le caractère religieux disparaît et le bien reste municipal ou propriété d'État. Si les collèges pontificaux possèdent des biens, ces biens sont d'essence publique, à Rome tout comme dans les colonies. C'est avec ce caractère que les domaines religieux sont mentionnés chez les anciens. Dans les distributions de territoire aux colonies, on réservait quelques parts pour les *collegia sacerdotum*. Siculus Flaccus range ces parts avec les *subsecivi* [5] provenant des *divisiones* et *assignationes* territoriales.

Les collèges n'héritaient pas dans l'ancien droit romain. Ils étaient *incertæ personæ*, frappés d'incapacité eu égard au formalisme de la création [6]. Les dieux eux-mêmes n'héritaient pas, à moins d'exception autorisée, au témoignage d'Ulpien. Les biens de la vestale étaient acquis au public : *Bona ejus in publicum redigi aiunt;* ainsi l'atteste le jurisconsulte

----

[1] *Od.*, I, 37, 2-4; — II, 14, 28; et *ibi* Orelli.

[2] Cicéron, *Ad Attic.* V, 9 : *epulari saliarem in modum.*

[3] Voy. Frontin : *de locis sacris et religiosis*, etc., p. 56, Lachmann; et Aggenus Urbicus, p. 87, *ibid.*

[4] Voy. Henzen, *Acta fratr. Arval.* —

Siculus Flaccus, p. 162, et *alii gromatici.*

[5] *Collegia sacerdotum itemque virgines* (*vestales*) *habent agros et territoria, quædum etiam determinata*, etc. P. 162, Lachmann.

[6] Arg. d'Ulpien, *Reg.* XXII, 5.

Labéon [1]. Enfin, quoique le ministère sacerdotal soit indispensable pour la consécration d'un immeuble au service religieux, le consentement préalable de l'État, de la commune, est nécessaire pour l'affectation du fonds au culte. *Sacrum quidem locum tantum existimatur*, dit Gaius [2], sous le haut empire, *auctoritate populi romani fieri; consecratur enim lege de ea re lata, aut senatusconsulto facto.* Et Cicéron avait déjà dit, devant le collége des pontifes, sous la république : *Video enim esse legem veterem* (la loi Papiria), *quæ vetet, injussu plebis, ædes, terram, aram consecrare* [3]. Il est vrai que certains lieux *religiosa*, les sépultures, n'exigeaient qu'un acte de volonté privée, pour revêtir ce caractère, mais le principe général n'en était pas moins assuré, tout ainsi que la distinction du lieu sacré, et des revenus qui lui étaient affectés.

Tel est le droit public romain. Le fonds affecté au service du culte est un fonds communal. Nous en avons le monument irrécusable dans la grande inscription de Furfo, de l'an 596 de Rome. On y distingue le temple et les biens fonds qui lui sont affectés. Ces derniers sont d'essence profane, pendant que le temple reste communal et sacré. *Sei quod ad eam aedem donum datum donatum dedicatumque erit, utei liceat veti venumdare. Ubei venumdatum erit, id profanum esto.* S'il y a lieu a vente ou location, l'une et l'autre sont du domaine de l'édilité. *Venditio locatio aedilis esto, quem quomque veicus Furfensis fecerint; quod se sentiat eam rem sine scelere, sine piaculo vendere locare, aliis ne potesto.* S'il y a de l'argent recouvré, l'emploi en est réglé : *Quæ pecunia recepta erit, ea pecunia emere conducere locare dare, quo id templum melius honestiusque seit, liceto.* Mais il y a cela de remarquable que l'argent demeure *res profana* : *Quæ pecunia ad eas res data erit, profana esto, quod dolo malo non erit factum.* Toutefois, le bien fonds acquis de cet argent revêt, par la destination, le caractère religieux : *Quod emptum erit ære aut argento ea pequnia, quæ pequnia ad id emendum datum erit quod emptum erit, eis rebus eadem lex esto, quasei sei dedicatum sit* [4].

Il résulte de ce texte précieux que l'administration économique des *loca sacra* ou *dedicata* demeurait laïque, chez les Romains, et que les prêtres en étaient exclus, soit qu'il s'agît des revenus accidentels, produits par ces biens particuliers, soit qu'il s'agît des dépenses nécessaires du culte [5]. Dans tous les cas, les prêtres sont à l'écart, et c'est l'autorité

---

[1] Voy. dans Aulu-Gelle, 1, xii *fin.*
[2] *Comment.* II, 5, p. 174 de mon *Enchiridion.*
[3] *Pro domo, ad pontif.* xlix. Orelli.

[4] Voy. *Corp. insc. lat.* de Berlin, t. 1, n° 603.
[5] Voy. Mommsen, *R. Staatsrecht,* loc. cit. p. 40.

civile qui pourvoit directement aux recettes et aux dépenses. La vente
des biens, leur location, sont du ressort du magistrat, qui, sur ces chapitres spéciaux de sa gestion, applique aux frais du culte les fonds exi-
gés, sans que jamais le prêtre puisse utiliser directement à son profit la fortune des établissements religieux. Le sacerdoce n'était pourtant pas com-
plétement gratuit à Rome; il jouissait d'amples indemnités, surtout les
vestales [1], mais il faut descendre à l'empire pour trouver des avantages
régulièrement déterminés et quelque chose qui ressemble à un traitement [2]. Si le service du temple requiert l'assistance de serviteurs subal-
ternes, c'est l'État qui les fournit aux prêtres, comme il les fournit aux
magistrats [3], et ces serviteurs fonctionnent dans les temples, auprès des
prêtres, sous des noms qui tantôt sont communs à d'autres *apparitores*,
et tantôt sont particuliers aux serviteurs du culte.

Les frais du culte étaient donc, en général, couverts par la caisse
publique et communale [4], ce qui n'empêchait pas qu'il n'y eût aussi des
caisses spéciales pour certains temples et pour certains colléges, au
moins pendant la période impériale. L'alimentation, la destination et
l'administration de ces caisses particulières nous entraîneraient à trop de
détails. Les droits d'entrée payés par les fonctionnaires des colléges, et
le casuel du service religieux, en étaient la source principale, et l'emploi
de ces fonds n'était pas à l'abri de la surveillance municipale; quelquefois même l'argent servait à l'acquisition de biens immeubles par la com-
munauté, laquelle, dans les cas de nécessité, disposait de ces biens pour
le service public, nonobstant leur affectation aux usages religieux [5].
Parmi ces caisses spéciales, on distinguait, à Rome, une sorte de caisse
centrale, *arca pontificum* [6], soumise à une direction particulière. En ré-
sumé, tout ce qui était du domaine du droit, de la liturgie, de la foi
religieuse, ressortait du sacerdoce; mais toute question d'argent, de
produit, de propriété, d'administration, restait de la compétence civile
et magistrale. Ainsi les fonds de terre des *collegia sacerdotum* étaient
affermés par l'autorité communale [7], et non par les prêtres eux-mêmes.

---

[1] Voy. Tite-Live, I, xx. Les vestales
recevaient *stipendium de publico*.

[2] *Sacerdotum et numerum et dignitatem,
sed et commoda auxit.* Suétone, *Auguste*,
31. — Auguste s'applaudit, dans le
monument d'Ancyre, d'avoir assuré le
même avantage aux magistrats.

[3] *Accersitus ab œdile, cujus procuratio
hujus templi est.* Varro, *De R. R.* I, 11, 2.

[4] Voy. Mommsen, *loc. cit.* p. 62 et 63.

[5] Voy. Orose, V, xviii, p. 340, Haver-
camp : *Cum penitus exhaustum esset æra-
rium,... loca publica quæ... pontificibus, auguribus... in possessionem tradita
erant... vendita sunt*, etc.

[6] *Arca pontificum.* Orelli, 4549. *Arca
p(ontificum) p(opuli) R(omani), ibid.* 2145.

[7] Voy. Hygin, *De condit. agror.* p. 117,
Lachmann.

Mais l'affectation de tous ces produits aux frais du culte était un devoir sacré pour l'administration civile. C'étaient comme les dépenses nécessaires des budgets municipaux de notre temps.

CHAPITRE VI.

FONDS AFFECTÉS AU CULTE.

Les observations qui précèdent sont nécessaires pour expliquer et comprendre les chapitres LXV et suivants de nos nouvelles Tables d'Osuna. L'administration financière du culte n'est pas exactement identique dans ses détails, à Rome et à Genetiva, mais les éléments sont les mêmes. Il ne paraît pas que le collège des prêtres génétivains ait été compris dans l'assignation des parts du territoire, du moins dans la *deductio* arrêtée par Jules César, mais nous retrouvons le système de la métropole dans l'attribution des amendes aux frais du service religieux. En notre monde moderne on a souvent appliqué ce produit aux hospices. Chez les Grecs[1], comme chez les Romains, c'était l'aliment du trésor religieux. Tout le monde connaît l'application du *sacramentum* dans la vieille procédure romaine[2]. Une foule d'inscriptions funéraires portent : *Pœnæ nomine, arc. pontif.*, HS. *(tantum)*, au sujet de certaines amendes de police[3]; mais les recouvrements en étaient faits par le magistrat civil[4]. Au sujet de l'amende du *sacramentum*[5], je ferai remarquer qu'il y a peut-être quelque correction à faire au texte de Gaïus, fort corrompu, à cet endroit, dans le manuscrit de Vérone. Au lieu de *in publicum cedebat*, ne vaudrait-il pas mieux lire *in subliciam cedebat?* ce qui mettrait d'accord Gaïus avec Varron : *ad pontem (sublicium) deponebant.* On peut cependant défendre l'*in publicum*, puisque la caisse des recettes était publique, ainsi que l'action en recouvrement.

Quoi qu'il en soit, nous retrouvons l'application des amendes aux besoins du culte, dans nos Tables d'Osuna, et, chose à remarquer, c'est à propos des pénalités encourues au sujet des *agri vectigales* de la colonie. On sait que, par le fait de la conquête, les peuples vaincus de vive force encouraient la perte de leur territoire, qui demeurait à toujours propriété du peuple romain. Quelquefois le vainqueur se contentait d'une part

---

[1] Voy. Siegfried, *De multa*, etc. Berlin, 1876, in-8°.

[2] Voy. Gaius, *Comment.* IV, 13 et suiv. et surtout Varron, *Ling. lat.* V, 180.

[3] Orelli, 4427, 4425.

[4] Voy. l'exemple indiqué par Suétone, *Claud.* 9.

[5] Sur l'histoire du *Sacramentum*, voy., dans Mommsen, *loc. cit.* p. 65 et suiv., des documents précieux.

des terres conquises. Quelquefois il restituait certaines portions à des vaincus favorisés (*ager redditus*). Le reste devenait matière à location (*agri vectigales*), ou bien l'objet d'établissements coloniaux, avec division et assignation de parts aux colons (*agri divisi, assignati*); souvent il y avait des résidus non partagés (*subsicivi*) qui étaient abandonnés aux colons à titre d'usage commun (*compascua*), ou bien de possession productive au profit de la colonie (*vectigalia coloniarum*). Les *agrimensores* nous ont laissé, sur tous ces points, des renseignements précieux, source abondante d'instruction pour l'histoire de la propriété territoriale dans l'empire romain et même pendant le moyen âge [1]. Quelques parcelles de territoire étaient attribuées, en quelques cas, aux *collegia sacerdotum*, comme source de revenus [2] pour les temples, les sacrifices et les cérémonies religieuses.

Ces fonds vectigaliens étaient, comme de raison, l'objet de contrats administratifs de la part de l'État ou des colonies, et ces contrats abondaient en stipulations pénales. Il y en a des monuments épigraphiques. Les concessions de terres productives aux colonies, et même l'autorisation de les transformer en *vectigalia* coloniaux, étaient une faveur administrative; elle est intéressante à constater, autant pour compléter nos connaissances sur le régime municipal des Romains que pour marquer la subordination de surveillance où fut toujours soumise la gestion des biens des communes sous l'empire, à l'époque la plus prospère des municipes. C'est ce que prouve surabondamment l'*epistola* de Vespasien aux administrateurs du municipe de Sabora, dans la Bétique. Nous devons à M. Hübner un excellent texte de cette *epistola*, qui a été l'occasion d'une correction importante de M. Mommsen, dans un passage singulièrement altéré de Pline l'Ancien [3], où l'érudit allemand restitue avec sagacité le nom de Sabora. Voici cette *epistola*, que je rapporterai en caractères cursifs pour la facilité des lecteurs, en leur rappelant que Vespasien venait de doter toute l'Espagne du *jus Latii*. Il accorde au municipe de Sabora le droit de prendre le surnom de *Flavium*, et de transférer leur habitation du haut de la colline dans la plaine, pour leur commodité.

---

[1] Voy. entre autres Hygin, *De condicionibus agrorum*, p. 116; *De limitibus constituendis*, p. 176 et suiv., et Siculus Flaccus, p. 162, Lachm.

[2] Voy. Hygin, *loc. cit.* p. 117.

[3] Voy. toutes les édit. de Pline, III, III, 10, et Hübner, *Inscr. hispan.* p. 194.

Les divers éditeurs de Pline l'Ancien, même M. Sillig, s'y sont trompés, faute de s'être souvenus de l'inscription de Sabora, bien connue pourtant des érudits depuis longtemps. Voy. Burmann, *De vectigal.* p. 98.

Imp(erator) Cæ(sar) Vespasianus Aug(ustus) pontifex maximus, tribuniciæ potestatis VIIII, imp(erator) XIIX, consul VIII, p(ater) p(atriæ), salutem dicit quattuorviris et decurionibus Saborensium. Cum multis difficultatibus infirmitatem vestram premi indicetis, permitto vobis oppidum sub nomine meo, ut voltis, in planum extruere. Vectigalia quæ ab divo Aug(usto) accepisse dicitis, custodio. Si qua nova adicere voltis, de his proc(onsulem) adire debebitis; ego enim nullo respondente constituere nil possum. Decretum vestrum accepi VIII Kal(endas) Aug(ustas), legatos dimisi IIII Kal(endas) easdem. Valete.

La lecture et l'intelligence de notre chapitre LXV n'offre plus, après tous ces préliminaires, de difficultés ni d'obscurités : *Quæ pecunia, pœnæ nomine, ob vectigalia quæ in colonia Genetiva Julia erunt, redacta erit, eam pecuniam ne quis erogare, neve cui dare, neve adtribuere potestatem habeto, nisi ad ea sacra quæ in colonia, aliove quo loco, colonorum nomine, fiant.* Voilà le principe, la règle d'administration; voici maintenant les précautions prises non-seulement pour en assurer l'exécution, mais encore pour empêcher qu'il soit rien pratiqué de contraire. Il est défendu aux duumvirs, sous peine d'en répondre envers l'autorité supérieure, d'employer cet argent à autre usage, ou de proposer au sénat colonial de détourner ces fonds de leur destination : *Neve quis aliter eam pecuniam sine fraude sua capito, neve quis de ea pecunia ad decuriones referundi;* il est même défendu aux décurions d'opiner sur semblable proposition : *neve quis de ea pecunia sententiam dicendi jus potestatem que habeto.*

Ce n'est pas tout, et le chapitre LXIX assure encore mieux l'application des fonds réservés à la destination prévue. Dans l'année de leur magistrature, les magistrats premiers nommés dans la colonie, et, dans les soixante jours de leur entrée en charge, les magistrats qui les suivront désormais, doivent régler les comptes des fournisseurs et entrepreneurs qui ont assumé l'obligation de faire des fournitures, ou d'accomplir des ouvrages intéressant le culte, et, après rapport à la curie, et avis pris en nombre suffisant des décurions, faire acquitter ces dépenses avec les fonds à ce destinés : *Duumviri qui post coloniam deductam primi erunt, ii, in suo magistratu, et quicumque IIviri in colonia Julia erunt, ii in diebus LX proxumis, quibus eum magistratum gerere coeperint, ad decuriones referunto, cum non minus XX aderunt, uti redemptori, redemptoribusque, qui ea redempta habebunt quæ ad sacra resque divinas opus erunt, pecunia ex lege locationis adtribuatur solvaturque.* Il est défendu de proposer autre chose à la délibération des décurions : *Neve quisquam rem aliam ad decuriones referunto.* Il est défendu à la curie d'aviser ou délibérer autre chose avant l'apurement de ce compte : *Neve quod decurionum decretum*

*faciunto, antequam eis redemptoribus pecunia ex lege locationis adtribuatur
solvatarve.* Enfin les duumvirs sont spécialement chargés de faire exécuter le décret d'apurement, et de délivrer les deniers aux porteurs de
titres liquidés : *Quod ita decreverint, ii duumviri, redemptori, redemptoribus, adtribuendum solvendumque curato.*

Il était une autre source de recette pieuse et de dépense analogue,
dont la loi génétivaine devait nous fournir et la prévision et le règlement : c'était le cas de souscription ou de collecte recueillie dans les
temples et lieux religieux; sorte de casuel, à destination obligée, et qui
probablement était l'objet d'une gestion particulière, confiée aux prêtres,
surveillée par l'autorité publique. A Rome, elle était du ressort de
l'arca pontificum; dans notre colonie elle n'a pas de qualification spéciale.
On appelait du nom de *stips* toute monnaie de quête, ou contribution
individuelle recueillie soit en public, soit en lieu privé, dans un but
collectif d'honneur, de charité, de religion, de courtoisie ou de patriotisme [1]. Varron a donné de ce mot, qui est la racine d'une foule d'autres,
une définition obscure et subtile [2]. La chose est plus claire que l'étymo-
logie, et je n'en donnerai d'autre exemple que le récit de Suétone, au
sujet d'une fantaisie bizarre et tyrannique de Caligula [3] : *Edixit et strenas
ineunte anno se recepturum : stetitque in vestibulo ædium kalendis Januariis
ad captandas stipes, quas plenis ante eum manibus ac sinu, omnis generis
turba fundebat.*

On quêtait beaucoup, dans les temples, chez les Romains, soit au
profit du culte, soit pour des œuvres particulières. Ovide dit quelque
part :

> *Ante deûm matrem, cornu tibicen adunco*
> *Cum canit, exiguæ quis stipis æra neget?*

On quêtait aussi dans les réunions publiques pour les jeux [4]. La chose
était probablement abusive, puisque Cicéron, dans son *De legibus* [5],
proposait d'en restreindre la pratique et d'en limiter l'usage : *præter
Idææ matris famulos, eosque certis diebus, ne quis stipem cogito.* Nombre
d'inscriptions attestent que des monuments ont été élevés par souscription, *ex stipe quam populus contulit* [6]. Ce qui était coutume à Rome se

---

[1] Voy. Dezobry, *Rome au siècle d'Auguste,* t. I, p. 326, et *alibi* diverses significations du mot.
[2] Varron, *De ling. lat.* V, 182, Müller
[3] Suétone, *Calig.* 42.

[4] Tite-Live XXV, xii — Pline, *H.
nat.* XXIII, x.
[5] *De legib.* II, 9, Creuz. Cf. Ovid.
Fast. IV, 350.
[6] Orelli, 598, 1668, etc.

retrouvait dans les colonies, et nos Tables nous en apportent le témoignage. Le chapitre LXXII nous apprend que le produit des quêtes, ou
souscriptions recueillies dans les temples, ne pouvait être détourné à
autre usage qu'à cause pie, d'où l'on peut induire qu'il était défendu de
quêter pour motif profane dans les lieux consacrés. L'argent devait être
employé sur place, et nul ne pouvait y faire obstacle ou empêchement :
Quodcumque pecuniæ, stipis nomine, in ædes sacras datum inlatum erit, . . .
*ei deo, deæve cujus ea ædes erit facta, id ne quis facito, neve curato, neve
intercedito, quominus in ea æde consumatur,* . . . *neve quis eam pecuniam alio
consumito, neve quis facito quo magis in alia re consumatur.*

CHAPITRE VII.

LES JEUX PUBLICS.

Il est un autre article de notre statut colonial qui se rattache profondément aux rites religieux et qui ne saurait manquer de fixer notre
attention : je veux parler des spectacles et jeux publics, lesquels tenaient
une si grande place dans la vie des anciens, et dont l'institution est
même un trait caractéristique de l'antiquité païenne [1]. Notre loi de Genetiva nous révèle même un règlement curieux, et qui nous était inconnu, à ce sujet ; règlement qui nous donne à penser tout à la fois sur
le changement de direction politique opéré dans l'esprit de César, à la
fin de sa carrière, et sur l'état social des colonies romaines, en dehors
de l'Italie, à cette époque de l'histoire.

Les spectacles et jeux ont singulièrement occupé les anciens et surtout les Romains. On s'en privait pendant l'hiver, parce qu'ils ne pouvaient être fournis que dans des cirques ou théâtres en plein air ; mais,
dès la fin de mars jusqu'au milieu de novembre, on ne passait pas
huit jours sans jeux publics ; les calendriers qui nous sont parvenus attestent leur multiplication. Il y en avait de *solennels*, qui revenaient à
époque fixe et qui formaient la principale partie des fêtes nationales et
religieuses. D'autres jeux se produisaient à l'occasion de la dédicace
d'un monument, de funérailles illustres, d'un triomphe décerné ;
d'autres, enfin, étaient votifs, c'est-à-dire en accomplissement d'un

---

[1] Cette matière avait été traitée avec
un intérêt particulier, par M. le profes-
seur Friedländer, dans le *Manuel de
l'antiquité romaine* (t. IV) de MM. Becker et Marquardt 1856). Elle a été
traitée à nouveau par le même auteur
dans son livre si favorablement accueilli :
Darstellung aus der Sittengeschichte Roms,
t. II (1857, 2ᵉ édit.) Nos Tables d'Osuna
lui fourniront des additions.

vœu religieux émané d'autorités publiques, dans des circonstances intéressant l'État. Tous étaient présidés par un grand personnage, magistrat en fonctions ou sorti de charge, et leur police était l'objet de précautions bien entendues. Ils coûtaient des sommes énormes, et la fortune des provinces pressurées, dépouillées, suffisait à peine à leur dépense, dont jouissaient seuls les habitants de Rome. C'était, pour les ambitieux, un moyen de corruption électorale qui avait atteint des proportions fabuleuses. L'histoire romaine est remplie du souvenir de ces prodigalités, source de ruine pour les familles; et les particuliers n'auraient souvent pu suffire à payer ces folies, si l'État n'était venu à leur secours, par des subsides plus ou moins généreux, selon les cas[1].

A l'exemple de Rome, les colonies et municipes avaient voulu avoir des jeux publics, et leurs monuments, encore subsistants, attestent la somptuosité de ces réjouissances provinciales. Mais le trésor de la capitale n'y subvenait pas, et les présidents de ces spectacles n'avaient pas, comme à Rome, le puissant et fructueux attrait de la popularité politique. Les spectacles provinciaux étaient quelquefois maigres et mesquins. Ainsi paraît-il en avoir été en Espagne, et notre Statut colonial d'Osuna nous apprend qu'on avait prescrit aux magistrats génétivains un minimum de dépense, dont je ne connais pas ailleurs d'exemple analogue.

Les chapitres LXX et LXXI de notre loi coloniale contiennent, à cet égard, une disposition qui s'éloigne des pratiques de la république romaine, usitées jusqu'à Jules César. Les magistrats romains se ruinaient pour payer au peuple leur élection, ou pour lui faire agréer leur candidature; mais cette ruine était volontaire; elle ne leur était imposée par aucune loi. Les jeux solennels et périodiques, de même que les jeux votifs donnés par l'État, étaient à la charge du trésor public; il n'y avait que les jeux occasionnels qui étaient aux frais des personnages qui en faisaient largesse au peuple, par n'importe quel motif. Toutefois nous ne voyons pas qu'aucune loi fît aux magistrats romains l'obligation de fournir aux jeux publics quelconques une contribution personnelle. L'usage pouvait avoir introduit des précédents qui s'imposaient à la vanité privée. Mais notre loi génétivaine va plus loin. Elle oblige les magistrats coloniaux à fournir des jeux pour lesquels elle fixe le contingent de la dépense à eux-mêmes imposée, et la part contributive du trésor colonial. Cette obligation devait écarter des candidatures magistrales les personnes dont le patrimoine exigu ne permettait pas de pareilles libéralités. Comment l'esprit démocratique du dictateur s'était-il plié à cette

---

[1] Voy. Dezobry, *Rome au siècle d'Auguste*, t. II, p. 325 et suiv.

exigence aristocratique? Hélas! elle est d'accord avec toute la politique de César pendant les dernières années de son pouvoir suprême.

Quoi qu'on en puisse penser, nous lisons dans notre chapitre LXX que les duumvirs élus, après les premiers qui auraient inauguré la colonie, devraient fournir des prestations munifiques et des jeux scéniques en l'honneur des dieux, pendant quatre jours consécutifs, et la majeure partie de la journée, à la discrétion du sénat colonial. *Duumviri, quicumque erunt, ei, præter eos qui primi post hanc legem lecti erunt, ii, in suo magistratu, munus ludosve scenicos Jovi, Junoni, Minervæ, diis deabusve, quadriduom, majore parte diei, quot ejus fieri oportebit, arbitratu decurionum faciunto.* Et, dans ces jeux ou munificences, chacun d'eux ne doit pas dépenser moins de deux mille sesterces de son argent privé, et chacun d'eux peut demander, en outre, au trésor colonial une subvention de pareille somme. *Inque eis ludis, eoque munere, unusquisque eorum de sua pecunia ne minus HS ∞ ∞ consumito, et ex pecunia publica, in singulos duumviros, HS ∞ ∞ sumere liceto.....* Ce subside doit être intégralement employé aux solennités religieuses pratiquées dans la colonie, et non diverti à une autre destination. *Quam pecuniam, hac lege, ad ea sacra quæ in colonia, aliove quo loco, publica erunt, dari, attribui oportebit.*

Le chapitre LXXI impose une obligation analogue aux édiles de la colonie, avec quelques modifications que le texte indique suffisamment. *Ædiles quicumque erunt in suo magistrata, munus, ludos scenicos Jovi Junoni, Minervæ, triduom, majore parte diei, quod ejus fieri poterit, et unum diem in circo, aut in foro Veneri, faciunto.* Chacun d'eux doit y contribuer de son argent, pour 2,000 sesterces et peut demander 1,000 sesterces d'assistance au trésor de la colonie. *Inque eis ludis, eoque munere, unusquisque eorum, de sua pecunia ne minus HS ∞ ∞ consumito, deve publico in singulos ædiles HS ∞ sumere liceto.* C'est le duumvir, ou le *præfectus* en son absence, qui doit procurer à chaque édile le bénéfice de la subvention, de l'emploi de laquelle le duumvirat ou son représentant était garant envers la colonie. *Eamque pecuniam IIvir, præfectus, dandam, attribuendam curanto.*

La différence de rédaction qu'on remarque entre le § LXX et le § LXXI, soulève la question de la diversité de caractère entre les jeux du cirque et ceux du *forum* ou des gladiateurs, qui sont d'ordinaire opposés aux premiers. Cette diversité de caractère avait-elle son origine dans la diversité des dieux en l'honneur desquels les jeux étaient fournis?

Nous terminons ces explications en rappelant à nos lecteurs ce que nous avons dit, dans nos *Remarques nouvelles*, au sujet de l'essence du *munus*, dans les anciennes pratiques romaines.

CHAPITRE VIII.

LES SÉPULTURES ET BÛCHERS.

Le règlement des matières religieuses, dans nos nouvelles Tables, se termine par des prescriptions relatives aux choses funéraires, objet d'un culte superstitieux chez les Romains. Les articles LXXIII et LXXIV renferment les règles de police décrétées à ce sujet par la loi génétivaine, et y constatent une pratique parfaitement analogue à la loi de la métropole. En effet, par des motifs de religion autant que de salubrité, la loi des douze Tables avait défendu d'ensevelir ainsi que de brûler les cadavres dans l'intérieur de la cité; Cicéron nous l'apprend dans son traité *De legibus*, et nous dit que, sur ce point, la loi municipale s'accordait avec le *Jus pontificium* : celui-ci, organe de la religion, l'autre, organe de la police civile. *Ea non tam ad religionem spectant, quam ad jus sepulcrorum.* HOMINEM MORTUUM, IN URBE NE SEPELITO NEVE URITO [1]. Et le jurisconsulte Paul nous atteste, dans le *Breviarium* d'Alaric, que la prohibition était encore, de son temps, rigoureusement observée : *Corpus in civitatem inferri non licet, ne funestentur sacra civitatis; et qui contra fecerit, extra ordinem punitur* [2]. L'empereur Dioclétien ajoute : *ne sanctum jus municipiorum polluatur* [3]. Cicéron, plus philosophiquement religieux que dévotement pieux, ne veut fonder la prohibition que sur des motifs de police, mais tous ceux qui connaissent le polythéisme romain savent combien la croyance païenne attribuait de calamités religieuses à la pratique contraire; et de l'observation de la règle proviennent tous ces monuments funèbres qu'on rencontre avant d'arriver à l'enceinte de Rome, accumulés sur les routes et les approches de la grande cité [4].

Or, pour déterminer la limite des lieux fermés aux cérémonies funéraires, les Romains avaient pris le *Pomœrium*, ou boulevard consacré qui entourait le mur d'enceinte de la ville [5]. Le tracé du *Pomœrium* avait

---

[1] Cicéron, *De legibus*, II, 23, 58; — Mon *Enchiridion*, p. 22; — Schœll. *Legis XII tabularum reliquiæ*, Lipsiæ, 1866 (p. 153).

[2] *Pauli Sententiæ*, I, XXI, 2.

[3] Const. 12, *Code de Justin.*, III, 44. Cf. Dezobry, *loc. cit.*, I, p. 91 et suiv.

[4] Voy. Dezobry, *loc. cit.*

[5] Tite-Live, I, XLIV : « Est circa mu-« rum locus, quem in condendis urbibus « quondam Etrusci, qua murum ducturi « erant, certis circa terminis inaugurato « consecrabant : ut neque interiore parte « ædificia mœnibus continuarentur, quæ « nunc vulgo etiam conjungunt; et ex-« trinsecus puri aliquid ab humano cultu « pateret soli. Hoc spatium, quod neque « habitari, neque arari fas erat....., po-

été déterminé primitivement, et à chaque agrandissement de Rome, avec
des solennités rituelles empruntées aux Étrusques, et dans lesquelles
jouait le principal rôle une charrue creusant le sillon religieux de la
circonvallation. La violation de cette limite était un crime d'État. Aussi,
pour imposer le respect, tous les centres d'habitation étaient circons-
crits religieusement avec les mêmes cérémonies. *Oppida*, dit Varron,
quæ prius erant circumducta aratro, ab orbe et urvo urbes [1]; et il donne le
détail de cette liturgie religieuse. Le sillon indiquait l'intervalle qui
devait demeurer libre entre la ligne des maisons habitées et le mur
fortifié. Lorsqu'il s'agissait de l'établissement d'une colonie, on observait,
pour fixer la limite de son territoire et l'étendue des assignations de
parts, les mêmes formalités et les mêmes actes religieux que pour la
circumductio des cités. De là ces paroles d'Hygin, le gromatique : *Assignare
debebimus, qua falx et aratum ierit* [2], paroles qui ont fourni au savant
Goez la matière d'une intéressante dissertation [3]. De là encore ces inscriptions terminales relevées par l'épigraphie, et où on lit : *Jussu impe-
ratoris Cæsaris, qua aratrum ductum est* [4]. Je croirais volontiers que la
formule *Qua falx et aratrum* était réservée à la *circumductio* des limites
territoriales.

Tout cela étant posé, nous comprendrons facilement notre chapitre LXXIII : *Ne quis, intra fines oppidi coloniæve, qua aratro circumductum
erit, hominem mortuum inferto, neve ibi humato, neve urito, neve hominis
mortui monimentum ædificato;* et la sanction de cette défense est une
amende de 5,000 sesterces, pour le recouvrement de laquelle tout habi-
tant de la colonie a le droit d'agir en justice. De plus, les constructions,
s'il y en a, seront démolies, à la poursuite des duumvirs ou des édiles.
Enfin, s'il y a eu corps humain inhumé, une expiation convenable sera
faite. *Si adversus ea mortuus inlatus, positusve erit, expiatio erit, uti opor
tebit* [5]. C'était un cas de *placatio manium.*

Il ne saurait, à mon avis, s'élever de doute sur l'interprétation d'*intra
fines oppidi coloniæve*. Il n'y a là qu'un pléonasme pour exprimer l'enceinte de la cité coloniale. Je ne pense pas qu'on puisse y voir la distinction du château fort, et de l'habitation de la population civile, pas

---

« mœrium Romani appellarunt. » (Voyez,
dans Pitiscus, une bonne dissertation
sur le *Pomœrium*. (*Lex. antiq.*, hoc v°.)

[1] Voy. *De ling. lat.* V, 143, Müller.

[2] Hygin, *De limitibus constituendis*,
p. 195, Goez; p. 203, Lachmann. Goez
lit : *exierit.*

[3] Goez, en son *index*, au mot *Falx*.

[4] Voy. Orelli, n° 3683, et Mommsen, *Insc. Neapol.*, n° 3590.

[5] Sur les pratiques expiatoires, voy.
Becker et Marquardt, *loc. cit.* p. 249 et
suiv. du tome IV.

plus que la distinction de la cité et des parties cultivables du territoire
qui avaient été *circumducta* par l'*aratrum* augural. Quelques passages
des *agrimensores* pourraient induire à cette dernière opinion.

En ce qui touche l'appareil de crémation, appelé par les Romains
ustrina, et dont le chapitre LXXIV prévoit l'établissement, *is locus ab
urendo ustrina vocatur*, ainsi que dit Festus. A Rome comme à Genetiva,
les *ustrinæ* devaient être placées hors des portes de la ville. Notre chapitre prohibe tout établissement nouveau de ce genre à une distance
moindre de cinquante pas de l'*oppidum*, de peur des incendies, ce qui
peut faire présumer qu'on n'avait pas toujours respecté cette distance.
Nous avons d'autres règlements analogues, entre autres le monument
que Morcelli a commenté, et où nous lisons : *Locum post maceriam ulte-
riorem emendum, ustrinasque de consæpto ultimo in eum locum trajiciendas*[1].
Diverses inscriptions funéraires constatent qu'on brûlait quelquefois les
corps devant les monuments : *Ad hoc monumentum ustrinum applicari non
licet. — Huic monumento ustrinum applicari non licet*[2].

CHAPITRE IX.

LA *LEX JULIA, DE SACERDOTIIS*.

Nous passons aux LXVIe et LXVIIe articles de la loi coloniale d'Osuna,
relatifs à l'organisation du sacerdoce. La discipline religieuse, les solennités qui s'y rapportent et le budget du culte sont réglés dans les articles que nous avons déjà commentés; il s'agit maintenant de l'institution sacerdotale elle-même.

Il est impossible de ne pas se demander, en abordant ce sujet, si la
bonne fortune des découvertes ne nous aurait pas ici livré quelque par-
celle ou quelque application de la loi *Julia, de sacerdotiis*, au sujet de
laquelle de graves controverses furent naguère encore élevées. A-t-il
jamais existé une loi *Julia, de sacerdotiis?* Un seul document nous reste
sur ce point, et il est tiré d'un texte de Cicéron dont l'authenticité a
été contestée et l'est encore aujourd'hui. Les bronzes d'Osuna nous
apportent-ils quelques lumières à répandre sur cette obscurité? La question vaut d'être examinée avec soin.

Si l'on en croit le témoignage de la correspondance célèbre attribuée

[1] Morcelli, *De stilo inscript.* t. II,
p. 230 (Patav. 1820). Cf. Meursius, *De
funeribus*, c. XXV (dans ses œuvres complètes). — [2] Voy Orelli, n° 4384 et
4385, et Fabretti, *passim*.

à Cicéron et à Brutus, au meurtrier de César, le dictateur aurait ajouté aux lois jadis proposées par Domitius et par Labienus [1], une loi nouvelle dont le but précis n'est pas très-nettement indiqué, mais qui aurait été adoptée vraisemblablement en l'an 45 avant l'ère chrétienne, car le texte qui en accuse l'existence serait de l'an 43, et un certain intervalle paraît s'être écoulé entre la loi dont il s'agit et la lettre adressée à Brutus. Cette loi nouvelle aurait été confirmative, en général, du droit préexistant relatif à l'élection populaire appliquée au sacerdoce, à l'instar des autres charges publiques. Or il devait y avoir, en cette année 45, des élections sacerdotales à Rome, et Cicéron souhaitait que son fils y fût nommé, quoique absent. Il s'adressa donc à Brutus, qui était prêtre lui-même, et dans le collége sacerdotal duquel la vacance était ouverte. « Je voudrais, lui dit-il, que mon fils obtînt une place dans votre collége, « et je crois que, dans les comices pour le sacerdoce, l'absence n'em- « pêche pas qu'on ne soit éligible (comme dans les élections politiques), « car on en a des exemples. En effet, C. Marius fut élu augure, en vertu « de la loi Domitia, pendant qu'il était en Cappadoce, et il n'existe « aucune loi qui, depuis, ait défendu qu'il en pût être ainsi. La loi Julia, « la plus récente de toutes sur les sacerdoces, porte : *Celui qui demande* « *ou qu'on propose*, preuve évidente qu'on peut proposer un absent. J'ai « écrit à mon fils de se conformer à vos avis [2]. »

Ainsi, d'après ce texte, l'administration religieuse, comme l'administration politique, financière et judiciaire, aurait été comprise dans le vaste ensemble des lois juliennes. Dans quelle mesure? Le champ était ouvert aux suppositions, et je ne connais rien de plus complet, sur la matière, que l'exposition de Paul Manuce, dans son traité *De legibus*. Ce grand archéologue avait annoté la lettre à Brutus, dans son commentaire sur les œuvres de Cicéron [3]. Il y est revenu avec d'amples

---

[1] Voir notre chapitre IV, *supra*, p. 23.

[2] *Ciceronem nostrum in vestrum collegium cooptari volo. Existimo omnino, absentium rationem sacerdotum comitiis posse haberi : nam etiam factum est antea. C. enim Marius, quum in Cappadocia esset, lege Domitia factus est augur; nec, quo minus id postea liceret, ulla lex sanxit. Est etiam in lege Julia, quæ lex est* DE SACERDOTIIS *proxima, his verbis :* QUI PETIT, CUJUSVE RATIO HABERITUR. *Aperte indicat posse rationem haberi etiam non præsentis. Hac de re scripsi ad eum,* at tuo judicio uteretur, etc. (*Epist. ad Brutum*, lib. I, ep. 5, Orelli.)

[3] La note importante de P. Manuce, sur le texte de la lettre citée, se peut lire dans l'édition des œuvres complètes de Cicéron, publiée par Alde Manuce, Venise, 1578-1583, 10 part. en 4 ou 5 vol. in-fol.—Cette note est reproduite dans le volume de l'édition *Variorum* des œuvres de Cicéron, intitulé : *Epistolarum ad Quintum fratrem, et ad Brutum, lib. I, Hagæ comitum*, 1725, et dans toutes les éditions du Cicéron de Verburg, sous la

développements dans son traité *De legibus* [1], et, malgré les trois siècles écoulés depuis cette dernière publication, il est impossible à la critique historique de se produire avec plus de fraîcheur et plus de discernement que dans ces belles pages qu'il faut lire.

Mais aucun soupçon ne s'élevait alors sur l'authenticité des lettres échangées entre Cicéron et Brutus. Les grands philologues qui ont réuni et fixé le texte des œuvres complètes de Cicéron, au xvi° siècle, P. Vettori (P. Victorius), ni les Étienne, ni Lambin, ni les Manuce, ni, au xvii° siècle, Gruter, pas plus que Grævius, n'ont tenu pour suspectes de fabrication les lettres de Brutus et de Cicéron, que Sweynheim et Pannartz avaient données au public lettré, à Rome, en 1470; et la même confiance avait inspiré en France le célèbre abbé d'Olivet, lequel s'illustra par la belle édition de Cicéron que les presses françaises produisirent, par ses soins, en 1740-1741; confiance qui fut partagée, plus tard, par un critique plus habile et plus instruit, Ernesti, lequel, dans les trois éditions dont la littérature latine lui fut redevable, de 1737 à 1777, ne parut pas se douter que les *Epistolæ* recueillies par les anciens copistes, sous le nom de Brutus et de Cicéron, pussent être apocryphes.

Pour la première fois, vers le milieu du siècle dernier (1741), et dans le sein de l'université de Cantorbéry, un philologue anglais, Tunstall, élève et zélateur de Bentley, se prit de querelle à ce sujet avec Middleton, le biographe estimable, mais trop prolixe peut-être, de l'orateur romain [2]. Vivement attaqué, Middleton se défendit gauchement et compromit sa cause, dans sa réponse en langue anglaise, publiée en 1743 seulement, à Londres, traduite et imprimée l'an d'après en français, à Paris, in-8°; à quoi Tunstall répliqua promptement par un nouveau mémoire, écrit aussi en anglais [3], où il déploya un grand talent de discussion, qui parut fermer la bouche à son adversaire. Alors on vit entrer en scène un autre philologue anglais de grande réputation, Markland, lequel vint en aide à Tunstall, et joignit son autorité aux arguments produits par ce dernier (1745). La cause de l'authenticité, soutenue par

lettre V du livre I°ʳ de la Correspondance particulière de Brutus et de Cicéron.

[1] Voy. ce traité de P. Manuce, à la suite des *Antiquitates* de Rosinus, édit. de 1743, p. 820.

[2] La publication de Tunstall a pour titre : *Epistola ad virum eruditum Conyers Middleton, vitæ M. T. Ciceronis scriptorem, in qua..... de illarum, quæ Ciceronis ad Marcum Brutum, Brutique ad Ciceronem vulgo feruntur epistolarum αὐθεντίᾳ nonnulla disseruntur. Cantabr.* 1741, in-8°.

[3] La réplique de Tunstall est intitulée : *Observations on the present collection of epistles between Cicero and M. Brutus, representing several evident marks of forgery in these epistles,* etc. London, 1744, in-8°.

Middleton, parut donc fort aventurée, dans les universités britanniques, où la controverse fut, à ces premiers moments, concentrée. Elle fut plus compromise encore, quand le débat eut passé sur le continent, quoiqu'elle eût trouvé d'abord, à Göttingue, un défenseur autorisé dans la personne de J. Math. Gesner [1], qui approuva et déclara péremptoires les arguments allégués par Middleton [2].

Bientôt les universités des Pays-Bas se prononcèrent. L'éminent philologue Ruhnken ne balança pas à déclarer que la correspondance dont il s'agit était apocryphe, et Wyttenbach souscrivit à cette déclaration [3]. Quelques oraisons de Cicéron avaient été même enveloppées dans les soupçons de Markland, et le célèbre Frédéric-Auguste Wolf ne perdit point l'occasion d'y appliquer son esprit hypercritique [4], en quoi il fut suivi par Niebuhr. L'opinion resta froide sur ce dernier point d'attaque, mais elle parut généralement s'accorder, dans la première moitié de notre siècle, à reléguer parmi les *spuria* les deux livres particuliers des lettres de Brutus et de Cicéron. Schütz n'y mit aucune hésitation, en publiant son édition justement estimée des œuvres du grand orateur, de 1814 à 1823 [5]. Orelli a suivi le même exemple, dans les deux éditions que nous devons à ses soins [6], dont la première remonte à l'an 1826. En un mot, un courant irrésistible a paru entraîner les esprits, en Angleterre, aux Pays-Bas et en Allemagne, vers l'affirmation du caractère apocryphe des lettres dont il s'agit, affirmation que Drumann a sanctionnée de son suffrage (1841). Seul, M. Victor Leclerc, auquel la littérature cicéronienne est si redevable, opposa au torrent une résistance indomptable. On peut lire dans sa seconde édition franco-latine des *Œuvres* de Cicéron (1826) une énergique protestation en faveur de l'authenticité, protestation dans laquelle l'habile éditeur reconnaît pourtant la possibilité de certaines interpolations du texte original et primitif [7]. Quant à l'érudition française, au dernier siècle, elle était

---

[1] Voy. les *Comm. soc. gott.* t. III, 1753, p. 226.

[2] *Sufficere mihi videbatur Middletonia defensio, ut nova opera ne valde quidem opus sit.*

[3] *Marklando et Tunstallio facile assentior, Ciceronis ad Brutum, et Bruti ad Ciceronem epistolas a falsario esse confictas.* Ruhnkenius, *Ad Velleium Paterculum,* II, 12 (1779). Wyttenbach, *Biblioth. crit.,* *Vita Ruhnkenii,* p. 219.

[4] Voy. Drumann, V, p. 471 et suiv.

À conférer avec les tomes I, II et IV, *passim.*

[5] Voy. les *Prolegomena,* t. VIII, p. 3, xxxviii et suiv.

[6] Voy. la note foudroyante du 1er vol. de l'*Onomasticon Ciceron.* (1836), p. 100, et la note non moins tranchante du tome III des *Opp. Cicer.* 2e édit. (1840), p. 755.

[7] Voyez, t. XXV de l'éd. in-18, p. 240 et suiv., une préface où se produit toute la verve de M. V. Leclerc.

demeurée étrangère au débat, mais elle aurait incliné plutôt vers le
sentiment de Middleton que vers celui de Tunstall, dont l'ouvrage
paraît même être resté inconnu à Paris, autrement que par la réponse
de Middleton.

Les choses étaient à ce point, lorsque Ch. Fréd. Hermann, dans
une solennité universitaire de l'an 1844, réveilla une controverse qui
semblait jugée, et prit hardiment la défense des textes attaqués [1]. Cet
écrit parut être, en Allemagne, un défi à l'opinion dominante, et M. Aug.
Will. Zumpt y répondit promptement, avec vivacité[2], tout en rendant
à la haute compétence d'Hermann la justice qui lui était due. *Ea
quæstio*, disait-il, *quam per centum fere annos una omnium virorum doc-
torum in damnando consensione quasi sepultam, nuper repetivit vir omnis
antiquitatis peritissimus.* Mais Hermann ne laissa point sans réplique la
réfutation de M. Zumpt, et, dans un ouvrage plus développé [3], il s'at-
tacha résolûment à ne laisser aucune objection sans réponse. La sensa-
tion produite par cette polémique fut marquée. Elle ne fut pas suivie
d'une conversion complète à l'authenticité, mais elle donna beaucoup à
réfléchir, et la dernière édition (1850) du Cicéron de Nobbe en porte
le témoignage, ainsi que les éditions remaniées de l'histoire de la littérature romaine, publiées par M. Bähr[4] et par M. Bernhardy[5] et les *Römische Zeittafeln* de M. Fischer [6]. J'espère que les nouveaux bronzes
d'Osuna y vont ajouter quelque argument nouveau.

On comprendra sans peine que nous n'entrions point ici dans l'examen
du fond de la controverse[7]. Nous voulons même laisser à l'écart la
question spéciale de latinité. Mais il résulte de preuves incontestables
qu'une correspondance fort étendue a été échangée entre Cicéron et
M. Brutus, et que les contemporains l'avaient recueillie. Un grammairien en cite le VIIIe livre ou le IXe [8]. Plutarque, et après lui d'autres
auteurs, semblent indiquer ce recueil [9], dont évidemment nous ne possé-

[1] *Acad. Albert. gratulat.* — *Insunt
Vindiciæ latinitatis epistolarum Ciceronis
ad M. Brutum*, etc. Götting. 1844, in-4°.

[2] *De M. T. Ciceronis ad M. Brutum et
Bruti ad Ciceronem epistolis.* Berlin,
1845, in-4°.

[3] *Zur Rechtfertigung der Aechtheit des
erhaltenen Briefwechsels zwischen Cicero
und M. Brutus.* Götting. 1845 (2 part.
in-4°).

[4] Bähr, *Geschichte der röm. Literatur*,
1845, 3ᵉ édit., t. II, p. 383, suiv. Il ne con-

naissait alors ni la réponse de Zumpt
ni la réplique de Hermann.

[5] Bernhardy, *Grundriss der römischen
Literatur*, 1857, p. 686 et suiv. in-8°.

[6] Page 291, Altona, 1846, in-4°.

[7] Voy. deux articles de M. Ernest
Havet, dans la *Revue des cours littéraires*,
des 16 et 23 avril 1870.

[8] Voy. Nonius Marcellus, p. 421 de
l'édit. de Mercier, et p. 491 de l'excellente édit. de M. Quicherat.

[9] Plutarque, *Brutus*, 22, Reiske (*Opp.*

dons plus que des débris, colligés à une époque inconnue, mais bien postérieure au IIIe siècle [1]. Il est certain, d'autre part, que le personnage de Brutus a vivement impressionné les imaginations, pendant les premiers siècles de notre ère, et les sophistes, les rhéteurs, se sont appliqués non-seulement à rechercher sa correspondance originale avec Cicéron, mais encore à fabriquer des lettres attribuées à Brutus, comme on a fabriqué des lettres de Démosthène, de Thémistocle et autres [2]. Le génie sombre, presque sauvage, du meurtrier de César, captivait les lecteurs, et la littérature grecque comme la littérature latine a fourni, à cet égard, grand nombre de pièces supposées qui ont attiré la curiosité. Érasme signalait ce fait aux critiques de son temps [3]; le cabinet des manuscrits de notre bibliothèque nationale est rempli de compositions de ce genre.

Il s'est donc présenté, plus tard, des pièces fausses en compagnie des pièces originales, sous la main des collecteurs épistolaires, lorsqu'ont été formés, pendant le moyen âge, les recueils factices adoptés par les copistes et par les éditeurs de Cicéron, sous les rubriques d'*Ad diversos*, *Ad Atticum*, *Ad Quintum fratrem*, *Ad Brutum*. Ainsi le livre XI du recueil des lettres de Cicéron, *Ad diversos*, est évidemment un lambeau de la correspondance générale de Brutus [4], ce qui n'a pas empêché un autre collecteur de tirer du même fonds deux livres particuliers et séparés, confondus quelquefois en un seul, des lettres de Cicéron et de Brutus. C'est le recueil *de cujus*. La première lettre de ce recueil, dont l'authenticité a été si contestée, paraît avoir fait partie du livre IX du recueil qu'avait sous la main le grammairien Nonius Marcellus. On comprend que, dans ces remaniements, et que dans la construction de cet assemblage des lettres de Cicéron, forgé par des copistes anciens et suivi par les éditeurs modernes, le vrai se soit peut-être mêlé au faux. C'est dans le discernement de l'un et de l'autre que consiste le talent et la science du critique. Ainsi tous semblent s'accorder pour repousser une lettre contenant un tel éloge de Messala, qu'il est bien difficile d'en attribuer l'origine à la plume de Cicéron. M. Leclerc lui-même ne la

---

V, p. 385). — Ammien Marcellin, XXIX, 5, 24, Erfurdt (t. I, p. 523) et *ibi* la note de Valois (t. III, p. 307).

[1] Nonius est du IIIe siècle, au moins. Voy. Quicherat, p. VI.

[2] Voy. Fabricius, *Biblioth. gr.* édit. de Harles, t. I., p. 666 et suiv. On a imprimé une foule de ces lettres fausses,

sur lesquelles les critiques des derniers siècles ont exercé leur sagacité.

[3] Voy. le texte d'Érasme, que cite Fabricius, *loc. cit.* p. 679.

[4] Voy. deux lettres intéressantes à ce sujet, dans la correspondance d'Antonin et de Fronton, édition de M. Naber (Lips. 1867), p. 107.

défend que faiblement. Pour rester dans le cercle étroit de la lettre v du livre Ier, il est une première partie, relative à Dolabella, qui paraît être en contradiction avec un autre écrit bien authentique de Cicéron, à savoir la XIe Philippique[1]. Est-ce une raison suffisante pour la suspecter de faux? Mais, pour la partie relative à la loi *Julia, de Sacerdotiis*, malgré l'objection tirée de ce que c'est le seul monument ancien où il soit question de cette loi, je n'aurais pas hésité à l'admettre comme authentique, même avant d'avoir connu les nouveaux bronzes d'Osuna. Paul Manuce m'a parfaitement converti à ce sujet. Il faudrait, en effet, faire remonter le faux jusqu'à vingt ou trente ans après la mort de Cicéron[2].

Paul Manuce était un de ces merveilleux esprits de la Renaissance qui, doués d'un sens droit et pénétrant et soutenus par une instruction solide autant que variée, ont fondé les grandes traditions de la critique, dans les choses de l'antiquité. Appliqués avec passion à la lecture et à la méditation des textes, retrouvés, recherchés, explorés avec une curieuse intelligence, ils avaient obtenu, par cette préparation féconde, l'intuition parfaite et juste de l'antiquité romaine, et ils nous en ont transmis comme l'essence, dans leurs incomparables travaux, dont l'érudition moderne n'a eu qu'à compléter, éclairer, perfectionner les conclusions, à l'aide des nouvelles découvertes que la fortune a mises à sa disposition, et que le génie du XVIe siècle a souvent pressenties ou devinées. Tel est le cas de la loi *Julia, de sacerdotiis*, dont P. Manuce a tracé l'histoire, de la main la plus sûre. Il a montré son harmonie avec ce qui a précédé tout comme avec ce qui a suivi. Il a démêlé ce qu'elle ajoutait à la loi *Domitia*, et les motifs de sa promulgation par César. Les nouveaux bronzes d'Osuna donnent raison à sa perspicacité. Il faut lire le chapitre du traité *De legibus* de P. Manuce, pour avoir la notion vraie de la loi du dictateur, et des vicissitudes dont elle fut l'objet après sa mort. Je ne saurais mieux dire et mieux faire que d'y renvoyer mes lecteurs. Nous avons, dans la loi génétivaine, le témoignage et l'émanation de la loi de César, ainsi que la preuve de l'authenticité de la lettre en question de Cicéron à Brutus, du moins en ce qui touche la loi *Julia*.

César a complété l'assimilation des comices sacerdotaux avec les comices des magistratures électives. On pouvait, d'après ce que nous

---

[1] Voy. *Philipp.* XI, § 11, dans l'édit. de Wernsdorf (t. II, p. 401 à 409), lequel ne semble pas avoir soupçonné la contradiction, à moins qu'on ne pense qu'il a dédaigné de faire état de la lettre à Brutus, à titre d'entachée de faux.

[2] Voy. *Ciceronis Opp.*, t. III, p. 355, de la 2e édition d'Orelli, la note de l'éditeur qui résume les arguments produits par les critiques.

savions de la proposition de Labienus, conjecturer que les comices sacerdotaux étaient présidés par les consuls. La lettre de Cicéron à Brutus
en autorisait le soupçon; la loi de Genetiva, émanée de la loi de César,
nous en révèle la certitude. Les comices sacerdotaux sont présidés dans
la colonie par l'autorité duovirale, image de l'autorité consulaire. La
lettre à Brutus n'est donc pas l'œuvre de l'imagination inventive d'un faus-
saire. On ne fabrique pas, d'ailleurs, une formule aussi exacte que celle
de la loi *de sacerdotiis*, à l'endroit des conditions de candidature. Il était
dans le rôle de César de se montrer favorable à l'omnipotence populaire, relativement aux candidats absents. Nous savons, du reste, quel
fut, après la mort de César, le sort des lois qui attribuaient aux comices
les élections sacerdotales. Antoine se joua de leurs prescriptions, et les
colléges recouvrèrent en partie leur ancien droit. Paul Manuce nous en
transmet le détail avec exactitude [1].

CHAPITRE X.

LE SACERDOCE COLONIAL.

Retournons au texte de notre loi coloniale. De même qu'à Rome le
sacerdoce avait été institué par le pouvoir politique [2], de même, dans
les colonies, le pouvoir pontifical fut tout d'abord institué par l'autorité
métropolitaine. Cicéron nous l'avait appris pour Capoue [3]; nos bronzes
nous l'apprennent pour Genetiva. Mais, tandis qu'à Rome le développement du culte avait multiplié les colléges de prêtres et d'augures, dans
les colonies le nombre des colléges fut longtemps restreint à deux, un
pour les prêtres, le second pour les augures. Nous lisons donc dans le
chapitre LXVI de notre loi : *Quos pontifices quosque augures G. Cesar, quive
jussu ejus coloniam deduxerit, fecerit, ex colonia Genetiva, ei pontifices eique
augures coloniæ Genetivæ Juliæ sunto, eique pontifices auguresque in pontificum augurum collegio in ea colonia sunto, ita uti qui optima lege, optumo
jure, in quaque colonia, pontifices augures sunt, erunt.*
Sur le mot de *collegium*, remarquons qu'il n'avait point, dans l'ancien
droit public romain, la signification exclusive de corporation, de con-
frérie ou de sodalité. On disait alors *collegium pontificum*, comme on disait *collegium prætorum, collegium tribanorum plebis, collegium consulum* [4].

---

[1] Voy. aussi Bouché-Leclerc, *les Pon-*
tifes, etc., 1871, p. 338.
[2] Voy. Tite-Live, I, xx. — Cicéron,

De Republ. II, 14, Moser. — [3] *De lege*
agr. II, 35, 96. Nobbe.
[4] Cf. Becker, *Handbuch*, IV, p. 142

Remarquons aussi qu'il n'est jamais question, dans les colonies, des *sacra gentilitia ;* ce culte devait être fixé à Rome, au foyer de la *gens.* Est-ce à dire qu'il n'y eut pas des *sacra privata*[1]? La conclusion serait inexacte, puisque le chapitre LXXXI d'Osuna parle des Pénates; mais leur entretien n'étant pas à la charge de la colonie, comme celui des *sacra publica,* le statut n'en devait pas faire état. Quant aux priviléges sacerdotaux, ils sont les mêmes dans la colonie qu'à Rome. Les prêtres et augures sont exempts du service militaire et des charges publiques, eux et leurs enfants[2]. Pour le service militaire, il faut entendre la chose dans la mesure de ce qui est indiqué au chapitre LXII de la loi, c'est-à-dire hors le cas de *tumultus gallicus* ou *italicus.* Cette immunité était de droit public à Rome, et les témoignages de Cicéron, de Plutarque, de Denys d'Halicarnasse, en font foi suffisante[3]. M. Henzen nous fournira d'autres notions complémentaires sur le pontificat municipal[4], et nous y renvoyons nos lecteurs.

Pour les *munera publica,* dont les prêtres et les augures sont aussi exempts, il ne s'agit plus, ici, du *munus* qui a été l'origine du *municipium,* et dont nous avons traité dans nos *Remarques nouvelles,* mais de ces charges de la vie sociale qu'a définies le jurisconsulte Pomponius[5], et qui plus tard ont été divisées en *munera patrimonii* et en *munera personarum.* Quant à l'exemption des premiers, les prêtres y avaient jadis prétendu, mais ils perdirent leur cause et ne revinrent plus à réclamer[6]. L'immunité non contestée ne portait donc alors que sur les charges personnelles telles que la judicature(?), la tutelle(?), la *cura fanorum* dont il est question dans le chap. CXXVIII de notre loi coloniale, et autres semblables. La *vacatio militiæ* emporte toujours la *vacatio muneris publici*[7]. La formule de la loi d'Osuna sur ce point est la même que celle de la loi *repetundarum,* de même que cette autre formule : *aera stipendiaque omnia merita sunto*[8].

et suiv.; Mommsen, *Staatsrecht,* 1, 63, note 4, et *Diss. de collegiis, cap.* I.

[1] Voy. A. Th. Wœniger, *Das Sacralsystem der Römer.* Leipzig, 1843, in-8°.

[2] *Iisque pontificibus, auguribusque, qui in quoque eorum collegio erunt, liberisque eorum, militiæ munerisque publici vacatio,* etc. (cap. LXVI.)

[3] Voy. Becker, *Handbuch,* t. IV, p. 171, notes 1002 et 1003, où tous les textes sont rapportés.

[4] Henzen-Orelli, n° 5957, et *index,*

p. 48 à 50. — [5] Fr. 239, § 3, *Digeste,* 50, 16; et Fr. 18, *ibid.* Conf. le titre du Digeste, *De muneribus et honoribus,* 50, 4.

[6] Voy. Tite-Live, XXXIII, XLII.

[7] Voy. le titre du Digeste, *De vacatione et excusatione munerum,* 50, 5. — *Onus, quod cum remittatur, vacationem militiæ munerisque præstat : inde immunitas.* Paul, Fr. 18, *Dig.* 50, 16.

[8] Voy. la loi *repetundarum,* dans mon *Enchiridion,* p. 607.

Notre chapitre LXVI consacre un autre droit bien important en matière de religion. Le contentieux des auspices est déféré, pour la juridiction, au collége des augures. *De auspiciis, quæque ad eas res pertinebant, augurum jurisdictio judicatio esto.* Est-ce à dire que les augures forment, en ce cas, un véritable tribunal, et prononcent directement une sentence? M. Mommsen ne le pense pas, et je partage son opinion. Le magistrat seul a l'*imperium* à Rome; mais, comme l'augure est nécessairement consulté sur le cas dont il s'agit, et que le magistrat doit obtempérer à son avis, la loi coloniale semble donner l'autorité judiciaire à l'augure. Le commentaire de notre loi se trouve dans le texte suivant du traité *De legibus* de Cicéron[1] : *Qui agent rem duelli quique popularem, auspicium præmonento ollique obtemperanto.* « Que les prêtres et les augures fassent con-« naître l'auspice à ceux qui traitent des affaires de la guerre et du peuple, « et que l'on s'y conforme. » *Divorumque iras providento, iisque apparento.* « Qu'ils présagent le courroux des dieux, et qu'on leur obéisse. » *Quæque augur injusta, nefasta, vitiosa, dira defixerit, irrita, infectaque sunto; quique non paruerit, capital esto.* « Et que les choses que l'augure aura déclarées « irrégulières, funestes, vicieuses, demeurent nulles et non avenues, et « qu'y désobéir soit crime capital. » On peut rapprocher ce que nous venons de dire de la *judicatio* augurale de ce qui se pratiquait en cas de supplication publique, consécration, ou autre acte religieux accompli au nom de l'État. C'était le prêtre qui dictait la formule; mais elle devait sortir de la bouche du représentant laïque, ou magistrat, auquel restait toujours ainsi le dernier mot, même pour une irrévérence utile à l'État. C'est un trait caractéristique parfaitement saisi et analysé par Beaufort.

Enfin notre chapitre LXVI indique les honneurs, les insignes et les prérogatives des fonctionnaires du culte, leur place dans les jeux publics et les cérémonies religieuses, et les marques distinctives de leur dignité. Ils prennent rang parmi les décurions. Ils portent la prétexte comme les magistrats. *Eisque pontificibus auguribusque, ludis, quot publice magistratus facient, et cum ei pontifices augures sacra publica facient, togas pretextas habendi jus potestasque esto, eisque... ludos gladiatoresque inter decuriones spectare jus esto.* (Cf. l'inscription d'Henzen-Orelli, n° 5957.)

Telle est la condition civile et publique du sacerdoce colonial. Mais la loi n'a visé jusqu'ici que l'institution césarienne, le premier établissement de la colonie. A ce moment initial, le magistrat fondateur, celui *qui coloniam deduxerit,* a pu installer tel nombre qu'il a voulu de prêtres

---

[1] Voy. *De legibus,* II, 8, édition de Creuzer, 1824, et les commentaires rapportés par l'éditeur.

ou d'augures. Toutefois, *post hanc legem latam*, le remplacement de ces ministres du culte n'aura lieu, en cas de vacance par décès ou condamnation du titulaire, *in demortui damnative loco*, qu'autant que le nombre des membres du collége sera réduit au-dessous de trois; et le remplacement aura lieu par élection publique, suivie, paraît-il, de cooptation du collége, c'est-à-dire d'une sorte d'institution religieuse. Telle est la disposition du chapitre LXVII du statut colonial[1]; et le chapitre LXVIII ajoute que les comices électoraux convoqués à ce sujet seront présidés par les duovirs, ou par un *præfectus* à leur place, ainsi qu'ils l'étaient à Rome par les consuls, à l'instar de ce qui se pratiquait pour l'élection des magistrats. L'assimilation est complète. Les lois *Domitia* et *Julia* reçoivent ici leur parfait accomplissement. *IIviri, præfectusve, comitia pontificum, augurumve, quos hac lege facere oportebit, ita habeto prodicito, ita uti IIvirum creare, facere, sufficere, hac lege oportebit.*

CHAPITRE XI.

LA POLICE DES CONSTRUCTIONS.

Il ne nous reste plus que quelques articles à commenter pour terminer l'explication des nouveaux bronzes d'Osuna. De ces articles, quelques-uns sont relatifs à la police urbaine de la colonie; d'autres sont relatifs à la police rurale; deux concernent la comptabilité des agents coloniaux; le dernier est relatif à l'étendue du droit d'appropriation et d'usage concédé aux colons sur les terres possédées par eux, et abandonnées, à cet effet, par l'état à la colonie.

L'article LXXV se rattache donc à la police des constructions et démolitions, laquelle a plus préoccupé les anciens que les modernes, soit par le motif de la difficulté des constructions, en ces temps reculés, et, par conséquent, de l'intérêt public qu'il y avait à les conserver, soit au point de vue des ruines, ou au point de vue de l'art, *ne aspectus*

---

[1] « LXVII. Quicumque pontifices, qui- « que augures coloniæ Genetivæ Juliæ, « post hanc legem datam, in conlegium « pontificum, augurumque, in demortui, « damnative loco, hac lege lectus coop- « tatusve erit, is pontifex augurve, in « colonia Julia, in conlegium pontifex « augurve esto, ita uti qui optuma lege, « in quaque colonia, pontifices auguresve « sunt, erunt.

« Neve quis quem in conlegium pon- « tificum kapito, sublegito, cooptato, « nisi tunc cum minus tribus pontificibus, « ex iis qui coloniæ Genetivæ sunt, erunt.

« Neve quis quem in conlegium au- « gurum sublegito, cooptato, nisi tunc « cum minus tribus auguribus, ex eis « qui coloniæ Genetivæ Juliæ sunt, « erunt. »

urbis deformetur. C'est pourquoi les Douze Tables contenaient déjà une disposition prévoyante à ce sujet[1]; et, quand plus tard le luxe des constructions d'édifices fut introduit à Rome, le même esprit de conservation dicta des règlements de police tels que celui dont notre chapitre LXXV nous offre le curieux monument[2]. Nul, dans l'*oppidum* de la colonie ursonitaine de Jules César, ne pouvait enlever une toiture, ni démolir une maison, ni en modifier la construction, avant d'avoir fourni aux mains des duovirs, et selon la mesure de leur appréciation, une caution suffisante pour assurer la réédification du bâtiment, et avant que l'*ordo* des décurions eût statué sur l'affaire, en assemblée composée au moins de cinquante membres; le tout à peine de condamnation *quanti ea res erit*, au profit du public de la colonie. *Ejasque pecuniæ qui volet petitio, persecutioque ex hac lege esto.*

Cette prescription du statut colonial n'était, au fond, que l'exécution de la *lex municipalis* de Jules César, dont les dispositions sur la police urbaine sont parvenues jusqu'à nous, et où on lisait : *ne quid inædificatum immolitumve habeto*[3]. L'observation de la règle était confiée aux soins de l'édilité[4]. De la loi municipale, le principe paraît avoir passé dans tous les statuts coloniaux ou municipaux, car la loi de Malaga reproduit presque mot pour mot, dans son chapitre LXII, le texte de notre chapitre LXXV de Genetiva[5]. Bien avant l'avénement des Flaviens, sous l'empereur Claude, un sénatus-consulte de l'an 794 avait même poussé la rigueur conservatrice jusqu'à prohiber les démolitions entreprises dans le but de trafiquer des matériaux[6]. La loi de police, *de non diruendis ædificiis*, primait l'exercice du droit de propriété sur les édifices privés; et un sénatus-consulte postérieur, de l'an 809, tout en conciliant le principe avec le bon sens pratique, en confirma cependant la prescription primitive[7]. Le jurisconsulte Paul, sous Alexandre Sévère,

[1] Voy. tab. VI, 8, dans mon *Enchiridion*, p. 13.

[2] Voy. le texte, rapporté au cahier de novembre 1876, p. 710 : *Ne quis in oppido coloniæ Juliæ ædificium detegito, neve demolito, neve disturbato, nisi si prædes IIvirûm arbitratu dederit, se reædificaturum, aut nisi decuriones decreverint, dum ne minus L adsint, cum ea res consuletur. Si quis adversus ea fecerit, quanti ea res erit,... damnas esto, etc.* Cf. Bergier, *Des grands chemins, etc.*, V, 3 (t. II, p. 821, éd. de 1728).

[3] Voy. le *Corpus insc. lat.* de Berlin, I, p. 621, lin. 71; mon *Enchiridion*, p. 120, *cap.* IV, 1; et Dirksen, *Civilist. Abhandl.*, II, p. 290.

[4] Voy. Schubert, *De rom. ædilibus* (1828, in-8°), p. 474 et suiv.

[5] Voy. Mommsen, *Stadtrechte der lutein. Gemeinden Salpensa und Malaga*, p. 480 et suiv.

[6] Voy. Haenel, *Corpus legum* (1857, in-4°), p. 45, et mon *Enchiridion*, p. 641.

[7] Voy. Haenel, *loc. cit.*, p. 53, et mon *Enchiridion*, p. 642.

cite avec honneur le décret sénatorial de l'an 791[1], et Ulpien nous apprend que les présidents des provinces exerçaient non-seulement une surveillance spéciale sur la conservation des bâtiments urbains, mais encore qu'ils obligeaient les propriétaires des édifices délabrés à les réparer ou à les reconstruire[2]. Les constitutions impériales de tout âge sont conformes à ces maximes d'administration citadine[3].

CHAPITRE XII.

LES ÉTABLISSEMENTS DANGEREUX.

L'article LXXVI a pour objet d'écarter de notre *oppidum* colonial une industrie dont le voisinage créait un danger, telle qu'une grande fabrique de tuiles, où l'emploi d'un feu violent pouvait attiser un incendie. La prohibition ne frappait pas la fabrication tout entière de la terre cuite, et c'est à remarquer[4].

L'art de cuire la terre et de l'adapter aux besoins de l'industrie ou aux inspirations de la sculpture, fut appelé par les Grecs du nom de Céramique ou de Plastique, et connu par les Latins sous le nom général de *figlina*[5], d'un mot dérivé de *fingo*[6]. Tous les ouvrages de terre cuite étaient compris sous la dénomination de *fictilia*. Quelques débris en sont parvenus jusqu'à nous, portant pour la plupart des inscriptions ou marques de fabrique[7], les unes gravées au poinçon, d'autres imprimées en creux ou en relief, et la sagacité des érudits s'exerce à leur explication. De tous ces ouvrages en terre cuite, dont Pline nous a conservé la curieuse histoire[8], les uns se jetaient en moule, les autres se tournaient à la roue, les plus délicats se façonnaient à la main, tels que les statuettes, figures appliquées en guise d'ornement, etc.

Les ouvrages qui se jetaient en moule, de forme plus ou moins gros-

---

[1] Fragm. 52, Dig. XVIII, 1.

[2] Ulpien, Fr. 7, Dig., I, XVIII.

[3] Voy. le titre du code, *De ædificiis privatis* (VIII, 10).

[4] Voy., sur l'archéologie de la terre cuite, en général, Marquardt, *Handbuch*, t. V, 1, p. 167 et suiv. et t. V, II, p. 231 et suiv.; Birch, *History of ancient pottery*, London, 1858, 2 vol. in-8°. Au point de vue épigraphique, Marini a laissé, sur la poterie, un ouvrage manuscrit que M. Henzen (Orelli, 5.

p. 491) et M. Wilmanns (*Exempl. inscr.*, II, p. 228) ont consulté avec profit, au Vatican.

[5] *Figlinas quemadmodum exerceri oporteat.* Varron. *De re rust.* I, 2, 23. édit. de Schneider.

[6] Voy. Vossius, *Etymolog.*, v° *Figura*, édit. de Naples, 1763.

[7] Marquardt, *loc. cit.*; Wilmanns, 2786, 2790.

[8] *Hist. nat.* XXXV, XLIII et suiv., édit. de Sillig.

sière, s'appelaient d'un nom commun *lateres*, et trouvaient leur emploi dans la construction des bâtiments, ou dans l'aménagement particulier des maisons [1]. On en distinguait trois espèces : 1° la brique que les Grecs nommaient πλίντος; 2° la tuile, *tegula*, dont se formaient les toitures, et qui comprenait deux variétés : la tuile plate qui gardait le nom de *tegula*, et la tuile courbe qui prenait le nom d'*imbrex*; 3° enfin, le carreau, de figure variée, qui servait, à l'intérieur des édifices, à revêtir le sol ou les planchers [2].

Quant aux ouvrages fabriqués à la roue, *testæ*, ils composaient le véritable art de la poterie, avec ses variétés nombreuses, *dolia, amphoræ*, etc., et leurs produits se complétaient souvent, pour la décoration, par le travail de main. Le potier était considéré comme un artiste, et jouissait souvent d'une considération distinguée [3]. Il est hors de notre sujet de parler ici des œuvres d'art proprement dites, que nous devons à la céramique des anciens, et qui font aujourd'hui notre admiration dans les musées [4]. Du temps de Pline, la curiosité les recherchait déjà avec empressement. La terre cuite avait même devancé le bronze, dans les productions de l'art [5] dont la Grèce fut le théâtre avant l'Italie, mais qui se perfectionna dans cette dernière contrée.

La fabrication des *lateres*, des *tegulæ*, des *imbrices*, a dû avoir lieu en plus grandes masses encore chez les anciens que chez nous, à cause de leur immense consommation dans les édifices publics et privés [6]. Aussi lisons-nous que le Gouvernement romain avait imposé, en guise de tribut, à plusieurs cités soumises, la fourniture de quantités considérables de briques et de tuiles [7]. Les fabriques d'où elles provenaient formaient d'importantes propriétés que des familles opulentes [5], les empe-

---

[1] Voy., sur cette fabrication, Vitruve, liv. II, chap. 3. Schneider.

[2] Voyez sur tous ces détails, Pline, *loc. cit.*, et Bergier, *Hist. des gr. chemins*, II, 20.

[3] Voy. Orelli, *Corp. insc.*, n° 4190, 4191. On en comptait des classes diverses.

[4] Voy. Heuzey, *Nouvelles recherches sur les terres cuites grecques*, 1876, in-4°.

[5] *Apparet antiquiorem hanc fuisse scientiam quam fundendi æris.* Pline. *Hist. nat.* XXXV, XLIV.

[6] On employait aussi les *Tegulæ* à la construction de petits canaux d'irriga-

tion, indiqués par les *Rei agrariæ scriptores* (Frontin, *De coloniis*, p. 142, Goez) : *Canalibus es noverca quæ tegulis construitur.* Voy. la savante digression de Goez sur la *noverca*, synonyme de *canabula*, dans son *Index*, *hac v°*. — Les *Rei rusticæ scriptores* parlent aussi avec beaucoup d'estime de ces canaux en terre cuite, qui ont dû être fort en usage en Italie (Pallad. liv. IX; Tit. XI, 2; Gesner. p. 976, 977), soit en forme de tubes, soit en forme de ruisseau.

[7] Voy. Pitiscus, *Antiq. rom.*, v° *Figulina*. L'indication d'Adrien est douteuse

[8] Voy. les inscriptions indiquées par Marini, *Atti arv.* p. 609; par Orelli,

reurs eux-mêmes[1], comptaient au nombre de leurs domaines les plus
productifs. C'étaient de vastes et puissants ateliers, où la nature du travail exigeait de grands espaces de terrain pour la préparation des matériaux; et voilà pourquoi nous voyons que ces fabriques étaient situées
dans la campagne, en dehors des villes[2]. Mais un autre motif, celui de
la sécurité publique, avait dû porter la police municipale à éloigner
des lieux habités ces fabriques : la coction des produits pouvait, par le
développement de ses feux, faire naître un danger pour les voisins.
C'est le cas de notre chapitre LXXVI : *figlinas teglarias, majores tegularum ccc, tegulariumque, in oppido coloniæ Juliæ ne quis habeto.* Ainsi la
prohibition ne porte que sur les *figlinæ tegularum*, dont l'activité pouvait
être incommode ou dangereuse; elle n'écarte de l'*oppidum* que les ateliers d'où devaient sortir plus de trois cents tuiles par jour.

Figlina, dans un sens absolu, est l'art du *figulus*, de l'ouvrier en
terre cuite. *Figlina teglaria* (pour *tegularia*) est l'art du fabricant de
tuiles, comme la *figlina doliorum* de Pline, est l'art du fabricant de
grands vaisseaux en poterie, *Dolia*, lesquels, chez les anciens, rempla-
çaient nos tonneaux, barils, pipes, etc. connus beaucoup plus tard.
De là le mot de Paul-Louis Courier, à propos de certaine traduction
du grec : «Partout où vous verrez tonneau, lisez cruche.» Diogène gisait
dans un immense *dolium* et non dans un tonneau.

Le rédacteur de notre statut colonial a-t il voulu marquer une différence entre *figlina* et *tegularium*? Je ne le pense pas, et M. Mommsen
n'y voit pas ouverture. *Tegularium*, pris comme substantif, est un mot
peu usité chez les anciens, inconnu même, j'oserais dire, dans la latinité fixée par les écrivains des siècles classiques. Il devait être, au contraire, fréquemment employé dans la basse latinité, avec la signification
de tuilerie[3].

Il ne paraît donc pas qu'on ait soumis à l'éloignement les officines de
poterie proprement dite, *rotæ officinas*, comme dit Pline; probablement
parce que la cuite de l'argile y était l'objet de plus de précautions, et peut-
être aussi parce que, les produits en étant moins considérables, entraî-
naient moins d'inconvénients. Même observation pour les fabriques de

---

4883 et suiv.; par Marquardt, *loc. cit.*
V, 1, p. 167; par Wilmanns, 2781,
2782.

[1] Voy. Marini, *loc. cit.*, p. 620.
Marquardt, *loc. cit.*; Wilmanns, 2782,
2783, 2791, etc.

[2] Les municipes (Wilmanns, 2791),

les légions, les corps d'armée, les co
hortes (*ibid.* 2797 à 2804), avaient auss
des fabriques attachées à leurs habita
tions, campements ou hivernages.

[3] Voy. Adelung, en son *Glossarium
manuale*, abrégé de Ducange, au mot
Tegularia.

statuettes, figurines et autres objets d'art, en terre cuite. Il n'y avait que
la partie la plus grossière de la Céramique, qui fût sujette à la loi de
police prohibitive[1]. La tuile romaine avait, du reste, des proportions plus
amples que la tuile moderne, et ses dimensions, comme ses formes plus
ou moins ornées, avaient dans le bâtiment antique un relief et une importance qu'elles n'ont pas dans le bâtiment moderne. Il suffit de lire
Pline pour en être assuré. Aussi voit-on que, dans l'assiette de l'impôt
sur les constructions, la tuile sert quelquefois de régulateur pour la taxe
des édifices, à l'exemple de ce que nous avons établi pour les portes et
les fenêtres[2] : τέσσαρας ὀϐολοὺς καθ' ἑκάσΊην κεραμίδα.

Le statut colonial ajoute à la prohibition indiquée une sanction ex-
traordinaire : à savoir, la confiscation de la fabrique établie en contravention à la loi. *Qui habuerit, id ædificium, isque locus, publicus coloniæ
Juliæ esto.* Une pareille disposition législative n'est pas cependant nouvelle pour nous. Nous savions déjà par Frontin[3] qu'un vieux sénatus-
consulte[4], pour effrayer les usurpateurs d'eau d'arrosage, *ne quis violaret
ductus aquamve non concessam*, avait frappé de la même peine de confiscation le domaine rural au bénéfice duquel une eau consacrée à des
services publics aurait été frauduleusement détournée par le proprié-
taire du champ : *agri vero, qui aqua publica contra legem essent irrigati,
publicabantur.* De même, à Genetiva, la fabrique en contravention était
menacée de vente publique au profit de la colonie.

Ici se présente à expliquer la clause finale de notre chapitre LXXVI,
laquelle est relative à l'exécution de la peine prononcée. Malheureuse-
ment le texte offre ici un embarras de rédaction et une formule épigraphique au sujet de laquelle deux interprétations se sont produites. Voici
d'abord le *prout jacet* de cette partie de l'inscription, d'après l'estampage, dont la saillie donne le résultat suivant : EJUSQ. AEDIFICII. QUICUMQUE.
IN C. G. JUL. L. D. P. S. D. M. EAM PECUNIAM. IN PUBLICUM. REDIGITO. J'ai traduit ainsi cette formule : *ejus q(ue) ædificii quicumque, in c(olonia) G(enetiva) J(ulia), l(oco) d(ato) p(ublice), s(ine) d(olo) m(alo), eam pecuniam in
publicum redigito,* ce qui, selon moi, signifiait que : cet édifice étant
confisqué et vendu sans fraude publiquement, *loco dato publice,* tout citoyen de la colonie pouvait poursuivre l'encaissement du prix, au pro-

---

[1] M. Mommsen rapproche de notre
c. LXXVI plusieurs inscriptions récem-
ment découvertes, où des chiffres inex-
pliqués lui paraissent se rapporter, par
analogie, à la prescription de la loi génétivaine. V. L'*Ephem. epig.* t. II, p. 434.

[2] Voy. Dion Cassius, XLVI, XXXI,
Sturz.

[3] *De aquæducibus urbis Romæ,* 97.
Dederich.

[4] *Quod (S. C^um) factum est C. Licinio
Cæsulla et Q. Fabio censoribus.*

fit du trésor colonial. Les sigles L. D. P. se représentent, en effet, dans beaucoup de monuments connus [1], avec le sens et la valeur de *loco dato publice* que je leur attribuais ici, et qui ne m'offrait qu'une variété d'application du *dare* du droit romain.

Mais M. Mommsen a lu autrement notre texte. Au lieu des sigles L. D. P., il a lu J. D. P., et il a traduit ainsi la phrase : *Ejus q(ue) ædificii quicumque in c(olonia) G(enetiva) J(ulia) i(ure) d(icundo) p(ræerit) s(ine) d(olo) m(alo) eam pecuniam in publicum redigito.* Toutefois sa profonde sagacité lui a révélé la difficulté juridique et même épigraphique d'une telle traduction; il a conjecturé que le fondeur avait dû laisser perdre une ligne du texte confié à sa main, et, en conséquence, M. Mommsen a proposé de lire la phrase ainsi restituée : *ejusq(ue) ædificii [qui volet petitio esto, quantique ea res erit] quicumque in c(olonia) G(enetiva) J(ulia) i(ure) d(icundo) præerit) s(ine) d(olo) m(alo) eam pecuniam in publicum redigito.* On ne saurait être plus ingénieux; mais toute l'hypothèse roule sur une lettre. Faut-il reconnaître la sigle L ou la sigle I dans le tronçon de ligne où M. Mommsen lit *jure dicundo præerit*, et où j'ai cru reconnaître *loco dato publice*? Or j'ai vérifié de nouveau mon estampage, non-seulement à l'œil nu, mais encore avec la loupe, et, tout en inclinant mon esprit devant l'autorité de M. Mommsen, mes yeux se sont refusés à lire un I pour un L. Le jambage inférieur de cette dernière lettre est d'un relief bien marqué. Faut-il y voir encore une faute de l'ouvrier? *Judices judicabunt.* Je soumets avec déférence mon hésitation à M. Mommsen. Les archéologues espagnols ont, du reste, lu le bronze comme lui, mais sans intercaler le *qui volet*, etc. ce qui peut-être est la leçon originale et vraie.

CHAPITRE XIII.

LES CHEMINS ET COURS D'EAU.

Suit l'article LXXVII, où nous lisons que : si les duumvirs ou édiles de la colonie jugent convenable à l'intérêt public d'établir ou de changer la direction des chemins, fossés ou égouts, de réparer, consolider ou modifier les constructions qui s'y rapportent, ils auront le droit de le faire, en ménageant toutefois les intérêts privés [2]. C'était un principe

---

[1] Voy. Orelli, n° 72 : L. D. D. D., *loco dato decreto decurionum;* n° 3703 : L. D. P. D. D., *loco dato publice decreto decurionum;* et, avec des significations analogues, les n° 102, 1871, 2239, 3569, 3953 et 4083.

[2] LXXVII. *Si quis vias, fossas, cloacas, IIvir, ædilise, publice facere, immittere ...*

d'administration qui devait se compléter par les garanties octroyées dans le chapitre xcix de la loi coloniale, garanties qui nous sont connues, puisqu'elles sont constatées par les premiers bronzes publiés en 1874 [1].

Les articles lxxviii et lxxix contiennent donc l'application d'une pratique administrative des Romains, constatée par les *agrimensores* dont les écrits sont parvenus jusqu'à nous. Il était de règle invariable, dit l'un d'eux [2], règle observée par les commissaires chargés de l'installation des colonies et de la division des territoires entre les colons, qu'on ne changeait rien à l'état des lieux, et que les édifices consacrés par la religion, les monuments funèbres, les chemins publics et vicinaux, les eaux courantes, les fossés publics et privés, les compascuités, tout cela était maintenu dans les mêmes conditions locales qu'auparavant. Les partages nouveaux respectaient, autant que faire se pouvait, les choses établies [3]. Un autre écrivain gromatique, et des plus autorisés, a confirmé ces traditions, en termes non moins précis : *itineris, viæ, actus, ambitus, ductusque aquarum, quæ publicis utilitatibus servierint, ad id usque tempus quo agri divisiones fierent, in eadem conditione essent quæ ante fuerant, nec quicquam utilitatibus publicis derogaverunt* [4].

Conformément à ces pratiques gouvernementales, l'article lxxviii établit que : les voies publiques, les chemins qui existent et ont existé, dans les terres de la colonie, avant la *deductio*, ainsi que les limites entre le domaine public et le domaine privé, continueront à garder la même destination et le même caractère légal qu'auparavant. Le chapitre lxxix ajoute que les rivières, ruisseaux, eaux de source, lacs, étangs et marais, répandus sur le territoire divisé aux colons, conserveront les mêmes attributs et assujettissements qu'avant l'*assignatio*. Sont maintenus, en conséquence, les droits de passage des particuliers pour aller aux abreuvoirs et prises d'eau. Les nouveaux propriétaires demeurent substitués aux anciens possesseurs, en tout ce qui touche l'usage de ces dépendances du domaine public. *Ad eos rivos, fontes, lacus, aquasque, stagna, paludes, itus* (sic), *actus, aquæ haustus, iis item esto qui eum agrum habebunt, possidebunt, ut iis fuit qui eum agrum habuerunt, possederunt.*

---

commutare, ædificare, munire, intra eos fines qui coloniæ Juliæ erunt, volet, quot ejus sine injuria privatorum fiet, eis facere liceto.

[1] Voy. nos *Bronzes d'Osuna*, 1874, in-8°, p. 22 et 23, et le *Journal des Savants* de cette même année.

[2] *Semper sanxerunt.*

[3] Hygin, *De conditionibus agrorum* p. 208, édit. de Goez, dont le texte me semble ici préférable à celui de Lachmann (p. 120), que corrige M. Mommsen avec raison.

[4] Siculus Flaccus. *De condit. agror.*, p. 18, édit. de Goez, et 157, Lachmann.

CHAPITRE XIV.

COMPTES À RENDRE PAR LES DÉLÉGUÉS.

Des trois articles qui nous restent à connaître de nos nouvelles Tables, et qui sont tous relatifs à la manutention des intérêts publics de la colonie, le premier, à savoir le chapitre LXXX, nous rappelle l'irrégularité dominant à cette époque dans la métropole elle-même, à l'endroit de l'administration de la fortune publique et de la comptabilité générale; ce qui, du reste, était un vice inhérent à la condition de la République romaine, et à l'exercice de ses charges, au VIIᵉ siècle de la ville. Quoi qu'il en soit, d'après le statut organique de Genetiva, quiconque aurait été chargé d'un mandat ou d'un office, dans l'intérêt de la colonie, et en vertu d'une délégation du Sénat colonial, devait rendre compte de sa gestion et en soumettre le règlement à la curie. *Quod cuique negotii publice in colonia, de decurionum sententia datum erit, ejus rei rationem decurionibus reddito, refertoque;* le tout, dans un délai de 150 jours à partir de l'accomplissement de l'office délégué, ou du moment de l'abdication du mandat, si le mandataire avait cessé de donner ses soins à l'office dont il était chargé : *In diebus CL proximis id negotium confecerit, quibusve id negotium gerere desierit, quod ejus fieri poterit, sine dolo malo.* Ce terme de rigueur est spécialement à remarquer.

Le cas de notre loi est évidemment identique avec un cas prévu par le jurisconsulte Paul, où la délégation d'office n'émane pas directement du sénat municipal, mais des duumvirs autorisés par les décurions : *Si decuriones decreverint actionem per eum movendam, quem duumviri elegerint, is videtur ab ordine electus, et ideo experiri potest. Parvi enim refert, ipse ordo elegerit, an is cui ordo negotium dedit*[1]. Et je ne doute pas qu'il n'en dût être de même, dans une autre hypothèse, où le magistrat municipal avait constitué un *curator bonorum*, dans l'intérêt de la commune, pour la sûreté d'une créance due à la cité par un débiteur exproprié[2]. Les délégations décurionales étaient plus fréquentes, au temps de César, qu'elles ne le furent dans la suite, lorsque l'institution des *Præsides* eut reçu l'extension et l'organisation que l'on connaît[3]. Ainsi,

---

[1] Fragm. 6, § 1, *Dig.* III, IV (*Quod cujuscunque universitatis nomine, vel contra eam agatur*).

[2] Voy. le Fragm. 46, § 1, *Dig.*, XXVI,

VII (*De administr. et peric. tutorum*).

[3] Voy. Pitiscus, *Lex. antiq. Rom.*, t. I, p. 609; Marquardt, *Röm. Staatsverw.*, t. I, et Fragm. 11, *Dig.*, L, VIII.

à l'époque de la fondation de la colonie génétivaine, le *curator annonæ* dont il est parlé dans les Fr. 5 et 9, § 5, du titre du Digeste, *De administratione rerum ad civitates pertinentium* (50, 8), devait, à coup sûr, avoir été délégué par les décurions. Il y avait bien à Rome un *præfectus annonæ* qui exerçait son office à titre de magistrature, mais cet officier était de création récente, et, sous la République, cet office n'était exercé qu'à titre de délégation privée [1]. A plus forte raison devait-il en être ainsi dans les colonies [2], et l'on en trouve la preuve dans le Fr. 30 du jurisconsulte Julien, au Digeste, liv. III, tit. v, où il est question d'un individu *ad siliginem emendam decreto ordinis constitutus*. J'en dirai autant des *curatores aquarum* et autres offices municipaux dont il est question dans les monuments anciens [3]. Enfin la règle prescrite par le chapitre ʟxxx trouve une variété d'application dans les chapitres ʟxvɪɪ et ʟxvɪɪɪ de la Table de Malaga; mais elle devait avoir une utilité capitale dans la pratique des *legationes* municipales, dont nous avons un titre particulier au Digeste [4]. Ajoutons que, si les municipes avaient des créances à échéance fixe ou à revenus périodiques, c'est-à-dire un *kalendarium*, la curie y déléguait un *curator*, sous la responsabilité duquel étaient les recouvrements [5], et qui était soumis à une comptabilité particulière [6]. S'il y avait plusieurs mandataires pour le même *negotium*, ils étaient tenus solidairement [7].

CHAPITRE XV.

LES COMPTABLES.

L'article ʟxxxɪ nous apporte bien aussi quelque nouveauté. Nous savions que les *scribæ*, à Rome, comme dans les provinces, étaient spécialement employés au maniement des deniers publics, et à la tenue des livres de comptes tant de l'État que des particuliers. La loi génétivaine confirme ces notions que nous avaient transmises Cicéron et Festus [8] :

[1] Pitiscus, *loc. cit.*

[2] Orelli, 2391, 3908, 4001.

[3] Voy. Pitiscus, *loc. cit.*; Roth, *De re municipali*, cap. 4. Voy., au sujet de la *cura fanorum*, le chapitre cxxvɪɪɪ des premiers bronzes publiés en 1874.

[4] Voy. au *Digeste* le liv. L, tit. vɪɪ, et l'excellente analyse de Roth, *loc. cit.*, p. 131 et suiv.

[5] Voy. Roth. *loc. cit.*, p. 111, et le

Frag. 21 du *Digeste*, au titre *Ad municipalem* (L, 1). Cf Hecht, *Die Kalendarienbücher*, Heidelberg, 1868, in-8°, *passim*.

[6] Voy. le Fragm. 9, au *Dig.*, liv. L, tit. vɪɪɪ, et *alibi*.

[7] Voy. le Fragm. 9, au *Dig.*, titre cité, L, vɪɪɪ.

[8] Voy. Festus, p. 333. ed. Müller : *Scribæ, librarii qui rationes publicas scri-*

Quicumque IIvir, ædilisve coloniæ Juliæ erunt, ii scribis suis qui pecuniam publicam, colonorum que rationes scripturus erit... Mais nous ignorions qu'avant de se livrer à l'exercice de leur industrie ils fussent tenus de prêter publiquement, au forum et un jour de marché, le serment professionnel de bien et fidèlement remplir leur charge de comptable, et de teneur de livres : *Antequam tabulas publicas scribat, tractetve, in contione, palam luci, nundinis, in forum, jusjurandum adigito, per Jovem Deosque penates, sese pecuniam publicam ejus coloniæ concustoditurum (sic) rationesque veras habiturum esse.* Il devait être dressé procès-verbal de ce serment : *uti quisque scriba juraverit in tabulas publicas referatur facito;* et probablement c'était le duumvir ou l'édile auquel le scribe était attaché qui devait procéder à la prestation du serment et en constater l'accomplissement. L'officier ministériel qui n'aurait pas rempli cette formalité préalable aurait été déclaré incapable de tenir des registres publics, et de recevoir le salaire attribué à sa fonction, et probablement aussi de recevoir les dépôts que l'on confiait aux scribes dûment assermentés : *Qui ita non juraverit, is tabulas publicas ne scribito, neve æs apparitorium mercedem que ob eam rem capito.* Enfin le magistrat compétent qui n'aurait point exigé le serment du *scriba* aurait été passible d'une amende de 5,000 sesterces, dont le recouvrement et la poursuite étaient abandonnés, selon le droit commun, au zèle et à la diligence de tout citoyen de la colonie [1].

M. Mommsen estime que la forme de ce serment était celle qu'indique la table de Bantium [2]. Nous n'avons aucune raison pour récuser cette conjecture plausible, et nous admettons aussi la remarque fort juste que, dans le serment prescrit par la loi génétivaine, le *scriba* devait jurer seulement par Jupiter et les Dieux pénates; la formule additionnelle de l'invocation du génie impérial, qu'on rencontre dans le serment des lois malacitaines [3], étant propre à l'époque impériale, posté-

---

bunt in tabulis. — Cicéron, *Pro domo,* xxviii., 74 : *Scribæ... nobiscum in rationibus, monumentis publicis, versantur;* et *In Verrem,* iii, 79. — Mommsen, *Staatsrecht.,* 1, p. 272, et suiv. *Adde* Roth, *loc. cit.,* p. 112, et la loi vulgairement connue sous le nom de loi *Cornelia, De scribis, viatoribus,* etc., dans mon *Enchiridion,* p. 611. Cf. Mommsen, *Diss. inaug. ad legem de Scribis,* etc. Kiel, 1843, Haubold, *Monum. legalia,* p. 85, et le *Corp. inscr.* de Berlin, VI, 1, p. 406

et suiv., où l'on trouvera de curieux monuments épigraphiques, relatifs aux *Scribæ Quæstorii.*

[1] *Qui jusjurandum non adegerit, ei IIS LƆƆ multæ esto, ejusque pecuniæ cui volet petitio persecutioque ex hac lege esto.* lxxx *fin.*

[2] Voy. ce monument dans le *Corpus inscriptionum* de Berlin, t. I, n° 197, p. 45, et mon *Enchiridion,* p. 608, c. 3.

[3] Voy. la Table de Salpensa, chap. xxv

rieure à la date de notre loi. Mais, si les lois de Malaga imposent une formule plus compliquée, par contre, celle de Genetiva indique la publicité des *nundinæ* qu'on ne remarque pas dans les lois malacitaines. Faut-il en conclure que la vieille cité d'Urson était le siége d'un marché public, à l'instar de celui que constaté le sénatus-consulte du *Saltus Bequensis*, qu'a publié M. Wilmanns et que nous avons reproduit dans le *Journal des Savants*? C'est l'opinion de M. Mommsen [1].

CHAPITRE XVI.

LES *POSSESSIONES* COLONIALES.

Enfin un article LXXXII termine la seconde de nos nouvelles Tables par des dispositions singulièrement intéressantes, sur la condition civile du territoire colonial, dans ses rapports avec l'appropriation privée, et les droits de jouissance des colons assignataires. C'est un chapitre à ajouter aux parcelles trop souvent inexplicables qui nous restent de la grande loi *agraria*, jadis connue sous le nom de loi Thoria [2], sur la portée de laquelle, quant au *dominium* et à l'étendue de la *possessio* coloniale, notre loi généťivaine ne répand encore qu'une lumière indécise. Une chose seulement ressort avec évidence aujourd'hui, c'est l'opposition du droit constaté pour la période impériale, et du droit pratiqué pendant la période républicaine.

D'après notre loi de Genetiva, les champs, forêts et bâtiments concédés et attribués aux colons, pour en user et jouir publiquement (*qui agri, quæque silvæ, quæque ædificia, colonis coloniæ Genetivæ Juliæ, quibus publice utantur, data adtributa*), ne sont pas susceptibles d'aliénation ni de location, pour une tenue de plus de cinq ans (*ne quis eos agros, neve eas silvas, vendito, neve locato longius quam quinquennium*). Il n'est même pas permis d'en référer au conseil des décurions pour obtenir l'autorisation de disposer autrement (*neve ad decuriones referto, neve decurionum consultum facito, quo ei agri, eæque silvæ veneant, aliterve locentur*); et nonobstant toute aliénation différente, la colonie ne perdrait pas son droit (*neve, si venierint, idcirco minus coloniæ Genetivæ Juliæ sunto*). Telle est la mesure de possession et d'appropriation territoriale départie aux

p. 629 de mon *Enchiridion*, et la Table de Malaga, chap. LIX, p. 434, *ibid.*

[1]. Voy. l'*Ephem. epigr.*, III, 2, p. 108. Cette conjecture paraît, en effet, très-probable. Cf. le *Journal des Savants* de 1876, p. 167, rapproché de l'*Ephem. epigr.*, II, p. 273 et 280.

[2] Voy. le *Corp. inscr.* de Berlin, t. I, p. 75 et suiv., et mon *Enchiridion*, p. 577 et suiv.

colons génétivains sur les immeubles à eux attribués, dans la *divisio assignatio* de l'*ager* de la colonie.

Si maintenant nous consultons les jurisconsultes romains de l'époque qualifiée classique, nous avons la preuve que les colonies et municipes, dont la condition politique et civile était alors confondue, jouissaient d'un droit beaucoup plus étendu. Les colons y pouvaient vendre, *ad libitum*, et louer leurs champs pour une période indéterminée. C'est Gaïus d'abord qui nous l'apprend : la vente et le louage se ressemblent bien souvent, dit-il, *velati si qua res in perpetuum locata sit, quod evenit in prædiis municipum, quæ ea lege locantur, ut quamdiu vectigal præstetur, neque ipsi conductori, neque heredi ejus prædium auferatur*[1]; et le jurisconsulte Paul confirme le témoignage de son prédécesseur. *Agri civitatum*, dit-il, *alii vectigales vocantur... Vectigales vocantur qui in perpetuum locantur*[2], etc ; et il ajoute ailleurs avec plus d'énergie : *Agri publici, qui in perpetuum locantur, a curatore, sine auctoritate principali revocari non possunt*[3]. Les *Rei agrarii scriptores* nous ont transmis des indications conformes[4].

D'autre part, nous trouvons dans la *lex agraria* elle-même (de l'an 643?), en plusieurs chapitres et notamment au chapitre v de la première partie, *Italia*, des dispositions qui sanctionnent les actes d'appropriation privée et absolue, librement accomplis sur des *agri adsignati*, d'après une loi, et en vertu d'une *sortitio* présidée par le triumvir *agris dandis assignandis*.

Comment concilier ces actes et faits divers? Faut-il croire que l'Empire a été moins scrupuleux que la République en matière d'aliénation du domaine public, en faveur des colonies et municipes?

Faut-il croire que l'installation de la colonie de Genetiva n'a point été l'objet d'une loi spéciale, qu'il n'y a point eu à Genetiva de *sortitio* légale du *territorium* assigné à la colonie? et que, par conséquent, ce territoire n'a été attribué par le dictateur qu'à la personne morale de la colonie? Dans cette hypothèse il n'y aurait point eu d'*ager divisus* proprement dit, il n'y aurait eu que des *possessiones* à Genetiva. Mais le texte du § LXXIX semble contrarier cette hypothèse.

Ces diverses questions seraient de nature à être plus amplement développées. Elles ne se présentent pas bien clairement dessinées au lumineux esprit de M. Mommsen lui-même. Je soumets l'appréciation du dernier point de vue, que je viens d'exposer sommairement, aux lecteurs familiers avec les antiquités romaines.

[1] Gaïus, *Comment.* III, 145.
[2] Fragm. 1, *Dig.* VI, 111.
[3] Paul, fragm. 2, § 1, *Digest.*, XXXIX, IV (*De publicanis et vectigalibus*). — [4] Frontin, p. 17, et Hygin, p. 127, Lachmann.

Il ne me reste plus qu'à indiquer la clause pénale attachée à l'inobservation du statut colonial. Tout colon, qui aurait irrégulièrement étendu la jouissance de son droit, eût été passible d'une amende de cent sesterces, par chaque an et chaque jugère de terre aliénée, indépendamment de la nullité de l'acte lui-même. *Quique iis rebus fructus erit, quot se emisse dicat, is, in juga*[1] *singula, inque annos singulos, sestertios C, colonis coloniæ Genetivæ Juliæ dare damnas* [*esto*]. La modicité de cette amende pourrait donner à réfléchir; elle a peut-être favorisé la transformation d'un droit temporaire en un droit définitif sur les terres coloniales.

---

[1] Sur le *Jugum* espagnol, voy. Marquardt, *Römische Staats verwaltung*, II, p. 218 (1876). *In hispania ulteriore metiuntur JUGIS... Apud nos JUGERIS.*

Jugum vocant quod juncti boves uno die exarare possunt. Varron, *De re rust.*, I, 10. Gesner.

P. S. — Au moment ou je donne le *Bon à tirer* de ces études, je reçois de Madrid une très-belle édition des deux nouveaux bronzes d'Osuna, suivie d'un savant commentaire, œuvre collective de MM. Juan de Dios de la Rada y Delgado, et Édouard de Hinojosa, que je suis heureux de pouvoir tout ensemble remercier de leur envoi et féliciter de leur ouvrage (in-fol. de 62 pages). Il fait honneur à l'érudition espagnole.

TABLE.

—

FIN.